总主编
李安

乡村法律明白人

乡村社会保障、生态宜居政策法律100问

法律出版社法律应用中心 / 编

法律出版社 LAW PRESS · CHINA
北京

图书在版编目(CIP)数据

乡村社会保障、生态宜居政策法律100问 / 法律出版社法律应用中心编. -- 北京：法律出版社，2022
("乡村法律明白人"系列 / 李安总主编)
ISBN 978-7-5197-6878-2

Ⅰ. ①乡… Ⅱ. ①法… Ⅲ. ①法律-中国-问题解答 Ⅳ. ①D920.5

中国版本图书馆CIP数据核字(2022)第116829号

乡村社会保障、生态宜居政策法律100问
XIANGCUN SHEHUI BAOZHANG、SHENGTAI YIJU ZHENGCE FALÜ 100 WEN

法律出版社
法律应用中心/编

策划编辑 冯雨春 朱海波
责任编辑 朱海波 谢瑞忠
装帧设计 汪奇峰

出版发行 法律出版社
编辑统筹 法律应用出版分社
责任校对 李　军
责任印制 刘晓伟
经　　销 新华书店

开本 A5
印张 8.375　**字数** 150千
版本 2022年10月第1版
印次 2022年10月第1次印刷
印刷 天津嘉恒印务有限公司

地址：北京市丰台区莲花池西里7号(100073)
网址：www.lawpress.com.cn
投稿邮箱：info@lawpress.com.cn
举报盗版邮箱：jbwq@lawpress.com.cn
销售电话：010-83938349
客服电话：010-83938350
咨询电话：010-63939796

书号：ISBN 978-7-5197-6878-2
定价：36.00元
凡购买本社图书，如有印装错误，我社负责退换。电话：010-83938349

总序

习近平总书记指出:“实施乡村振兴战略是关系全面建设社会主义现代化国家的全局性、历史性任务。”乡村振兴成为我国全面建设社会主义现代化强国进程中的重大任务,也是实现中华民族伟大复兴的一项重大战略。党的十九大报告同时指出要构建“自治、法治、德治相结合的乡村治理体系”。

我国面向乡村基层长期开展普法工作,至今已经步入第八个五年规划,经过不懈努力,乡村广大群体的法治意识在社会经济腾飞的同时也有了巨大的提升,但随着社会的不断发展,就大多数乡村公民而言,所具备的法治素养尚无法满足新时代的发展需求。乡村的主体是农民,乡村振兴的主要主体也是农民,实施乡村振兴战略关键是要调动广大乡村农民的主观能动性和创造性,引导乡村农民知法、守法、依法办事,这需要乡村农民群体具备必要的法律知识。

我国于2021年颁布《乡村振兴促进法》,为乡村振兴战略提供了实施的法律依据,推动出台满足乡村振兴战略发展需求的新政策和新法规,在此基础上我国乡村振兴法律体系得以初步构建并逐步完善。首先,乡村振兴的相关法律具有分散性。乡村振兴法律体系中的大部分具体法律知识散落于各部单行法律之中,并没有集中在一部统一的法律当中。其次,乡村振兴法律体系具有系统性。随着全面依法治国的逐步推进,我国法律体系日趋完善,乡村振兴法律体系日渐成型,呈现系统性特征,原因在于一个完善的乡村振兴法律体系是国家治理体系和治理能力现代化的重要标志,是一项系统工程,不仅包含现代化的法治理念,更是体现新时代特征的治理模式。另外,构建系统的乡村振兴法律体系能够满足不同阶段、不同形态的发展需求,为乡村振兴的未来发展提供充分的制度空间。最后,乡村振兴法律内容具有全面性。乡村振兴战略涵盖产业发展、人才支撑、文化繁荣、生态保护、组织建设以及城乡融合等多方面,因此单一法律显然无法面面俱到,只能在既有法律体系的基础上突出乡村发展的特色和原则。

乡村振兴法律规范的分散性影响了广大乡村基层群体便捷地获取日常所需的法律知识,尤其是乡村发展切身相关的法律知识。乡村农民往往只能在生产生活中通过普法活动、媒体宣传等有限渠道进行碎片化了解或学习,因而出版一套包含乡村振兴法律知识体系的通识性读本有充足的必要性。本系列丛书注重内容的实用性与法律的准确性,在内容上涵盖产业、土地、生态、生产资料、基层组织等方面,能够更好地帮助乡村基层群众在推进乡村振兴战略的过程中获取必要的体系性、通识性政策与法律知识,从而提升乡村农民的法治认知水平。希望本丛书有助于推进乡村治理的法治化、现代化,指导和帮助乡村农民提升法治素养,学会优先依靠法律开展生产、从事经营、保护自身合法权益；有助于促进法治在乡村振兴发展中发挥作用，从而适应当前的新形势和新发展；有助于推动乡村治理的依法建设，使法治为乡村振兴战略保驾护航，真正落实科学立法、严格执法、公正司法和全民守法的新时代法治基本要求，实现高质量发展，促进共同富裕。

李　安
杭州师范大学沈钧儒法学院教授、博士生导师
青少年法治教育中心主任
浙江省法治教育研究中心主任
中国行为法学会法律风险防范研究会副会长

目录

第一章 低保与优抚

第二章 社会保险与灾害救助

第三章　教育与就业帮扶

第四章　对三留守人员的关爱和保护

第五章　土地、水资源保护与污染防治

第六章 林地、草地保护与污染防治

第七章 种植、养殖、生产污染防治

附　录

CHAPTER

1

第一章

低保与优抚

01 哪些人可以享受低保?

疑惑

冯某的妻子从小腿部就有残疾,干不了重活,偶尔在村里的厂子里打打零工。冯某则跟着村里的包工头外出干活。二人有两个女儿,都在读小学,一家人生活拮据。从去年开始,包工头的活儿越来越少,冯某的收入也越来越低,经常十天半月的没有活儿干。眼看着孩子都要上中学了,家里的开销越来越大,冯某想换个工作也一直未找到合适的。后来冯某听说像他们这样低收入的家庭,可以享受低保,于是就到村委会去咨询政策。请问,哪些人可以享受低保呢?

解析

在农村地区,"低保"大家应该都不陌生,很多村子里都有低保户。低保是居民最低生活保障的简称,是我们国家针对家庭年人均纯收入低于当地最低生活保障标准的城乡居民推出的生活保障制度。那么,哪些人可以享受低保呢?我国《社会救助暂行办法》第9条规定,国家对共同生活的家庭成员人均收入低于当地最低生活保障标准,且符合当地最低生活保障家庭财产状况规定的家庭,给予最低生活保障。也就是说,享受低保必须满足家庭成员人均收入低于当地最低生活保障标准且符合当地最低生活保障家庭财产状况规定这两个条件。至于最低生活保障具体的标准，根据《社会救助暂行办法》第10条的规定，要由各个地区根据自己的经济发展水平等来确定。

农村最低生活保障制度是国务院为切实解决农村贫困人口的生活困难，于2007年建立的一项制度。农村最低生活保障对象是家庭年人均纯收入低于当地最低生活保障标准的农村居民，主要是因病残、年老体弱、丧失劳动能力以及生存条件恶劣等原因造成生活常年困难的农村居民。所以，只要村民的家庭人均收入低于当地城乡居民最低生活保障标准，均有从当地人民政府获得基本生活物质帮助的权利。案例中的冯某一家，妻子基本上没有劳动能力，冯某本人也没有固定工作，两个子女都在上学，家庭收入非常低，如果确实符合当地低保申办条件，他可以申请低保待遇，保障一家人的基本生活需求。

政策法律依据

《社会救助暂行办法》第9条、第10条

02 骗取低保待遇的，要承担怎样的法律责任？

疑惑

武某一家在村里虽不算富裕，但是也不至于是困难家庭。而武某的邻居夏某是个单亲妈妈，丈夫早年去世，自己带着两个孩子，生活过得清贫。后来，夏某申请了农村低保，武某经常看到夏某支取低保金。某日，武某又看到夏某拿着低保金回来，心里很是嫉妒，心想凭什么夏某就可以领到钱，他也心生了要“获取”低保待遇的想法。由于武某并不符合当地的低保标准，就打算伪造自己生病和低收入的证明来骗取低保。请问，骗取低保待遇的，要承担怎样的法律责任？

解析

根据我国《社会救助暂行办法》第 68 条的规定，采取虚报、隐瞒、伪造等手段，骗取社会救助资金、物资或者服务的，由有关部门决定停止社会救助，责令退回非法获取的救助资金、物资，可以处非法获取的救助款额或者物资价值 1 倍以上 3 倍以下的罚款；构成违反治安管理行为的,依法给予治安管理处罚。最低生活保障作为一项社会救治制度,申报和领取低保金都有严格的流程,骗取低保待遇的行为必然要承担法律责任。

案例中,武某看到邻居领取低保金心生妒忌是一种错误的想法,其采取伪造自己生病和低收入证明的手段取得低保是一种违法行为,一经发现会被责令退回,甚至还会被处以罚款。

实践中,农村骗取享受低保待遇一般有两种情形,一是采取虚报、隐瞒、伪造等手段享受低保待遇;二是在享受低保待遇期间,家庭收入已经达到当地居民最低生活保障标准,但是为了继续享受低保待遇而没有按照规定告知乡镇政府部门。不管采用哪种方式,村民骗保的行为都是违法的。在此要提醒各位村民,依法依规享受低保待遇,切不能存有侥幸心理,为了捡"便宜"铤而走险必然会付出惨重代价。

政策法律依据

《社会救助暂行办法》第68条

03 申请低保成功后，一般有效期是多久？

疑惑

去年，小花的父亲因病去世，家里失去了唯一的经济来源，小花和母亲在村主任的帮助下申请了农村最低生活保障。成为低保户后，小花家每月都可以领取低保金，自己的学业和母亲的生活都有了保障。但是，小花母亲也经常担心有一天自己家的低保会被取消，那样的话生活又没了着落。某日，小花母亲找到村主任，询问这个低保可以享受多久，有无有效期，是不是自己每年都需要重新申请才行。请问，申请低保成功后，一般有效期是多久？

解析

小花母亲的顾虑也是很多农村低保户的顾虑，自家申请上了低保，就可以一直领取低保金吗？对此，我国《最低生活保障审核确认办法》第31条规定，乡镇人民政府（街道办事处）应当对最低生活保障家庭的经济状况定期核查，并根据核查情况及时报县级人民政府民政部门办理最低生活保障金增发、减发、停发手续。也就是说，我国对农村低保没有规定有效期，但是低保对象每年都要根据当地的相关规定参加核查。经过核查符合条件的，可以继续享受低保，不符合条件的，相关部门就会停止其低保待遇。案例中小花家不需要每年都重新申请低保待遇，但是要按期参加核查，核查通过，符合标准的，可以继续享受低保待遇。

简单来说，农村最低生活保障是国家对农村地区生活困难群众的一项救助政策，只要村民符合低保条件，可以一直享受低保待遇。但是，所有低保户都要积极配合相关部门的定期核查，并如实申报家庭成员构成、就业状况、收入及财产变化等情况。

政策法律依据

《最低生活保障审核确认办法》

第三十一条 乡镇人民政府（街道办事处）应当对最低生活保障家庭的经济状况定期核查，并根据核查情况及时报县级人民政府民政部门办理最低生活保障金增发、减发、停发手续。

对短期内经济状况变化不大的最低生活保障家庭，乡镇人民政府（街道办事处）每年核查一次；对收入来源不固定、家庭成员有劳动能力的最低生活保障家庭，每半年核查一次。核查期内最低生活保障家庭的经济状况没有明显变化的，不再调整最低生活保障金额度。

发生重大突发事件时，前款规定的核查期限可以适当延长。

04 “五保户”指哪些人？ 其会享受到哪些待遇？

疑惑

李某今年 24 岁，是个残疾人，母亲是个精神病患者，生下李某后就去世了。李某从小和父亲相依为命，前不久，李某的父亲也因意外去世了，只给李某留下了一个只有几千元的存折。父亲去世后，李某失去了唯一的依靠，自己又没有劳动能力，失去了生活来源，往后的日子不知如何度过。就在这时，村委会的人找到李某，一番安慰后，表示愿意帮助李某申请五保供养待遇，这样可以保障李某以后的生活。请问，“五保户”指哪些人？其会享受到哪些待遇？

解析

在农村，我们常说的“五保户”指的是享受农村五保供养待遇的人，根据我国《农村五保供养工作条例》第 6 条的规定，老年、残疾或者未满 16 周岁的村民，无劳动能力、无生活来源又无法定赡养、抚养、扶养义务人，或者其法定赡养、抚养、扶养义务人无赡养、抚养、扶养能力的，享受农村五保供养待遇。案例中，李某是个残疾人，没有劳动能力、没有生活来源、没有扶养人，在这种情况下，根据法律规定其可以享受农村五保供养待遇，成为“五保户”。

那么，成为“五保户”以后，可以享受哪些待遇呢？根据《农村五保供养工作条例》第9条的规定，国家对“五保户”主要供养五个方面的内容：(1)供给粮油、副食品和生活用燃料；(2)供给服装、被褥等生活用品和零用钱；(3)提供符合基本居住条件的住房；(4)提供疾病治疗，对生活不能自理的给予照料；(5)办理丧葬事宜。即五保供养是国家在吃、穿、住、医、葬方面给予“五保户”村民的生活照顾和物质帮助。具体的农村五保供养标准，一般不得低于当地村民的平均生活水平，并根据当地村民平均生活水平的提高适时调整。

农村五保供养制度是对农村地区最贫困、弱势群体的救助，保障了他们的基本生活。近年来，国家也在加强对弱势群体的帮扶，采取一系列措施，不断完善农村地区贫困群体工作机制，让五保对象的生活得到更全面的保障。

政策法律依据

《农村五保供养工作条例》

第六条 老年、残疾或者未满16周岁的村民，无劳动能力、无生活来源又无法定赡养、抚养、扶养义务人，或者其法定赡养、抚养、扶养义务人无赡养、抚养、扶养能力的，享受农村五保供养待遇。

第九条 农村五保供养包括下列供养内容：

(一)供给粮油、副食品和生活用燃料；

（二）供给服装、被褥等生活用品和零用钱；

……

农村五保供养对象未满16周岁或者已满16周岁仍在接受义务教育的，应当保障他们依法接受义务教育所需费用。

农村五保供养对象的疾病治疗，应当与当地农村合作医疗和农村医疗救助制度相衔接。

05 什么是特困供养？特困供养的孩子能同时享受事实无人抚养儿童补贴吗？

疑惑

小芳的父亲已经失踪多年，母亲在一次意外中成为重度残疾，家里没有了生活来源，年仅11岁的小芳一个人担起了照顾母亲的重任。村里得知小芳的情况后，为小芳申请了特困人员供养。某日，当地司法所来到村子里组织普法宣传，提到了事实无人抚养儿童，小芳母亲经过询问得知，小芳也是一名事实无人抚养儿童，可以得到事实无人抚养儿童补贴。但让小芳母亲不解的是，孩子已经是特困供养人员了，也领取了特困人员救助供养金，还能再领取事实无人抚养补贴吗？

解析

根据《社会救助暂行办法》第14条、第15条的规定，我国对无劳动能力、无生活来源且无法定赡养、抚养、扶养义务人，或者其法定赡养、抚养、扶养义务人无赡养、抚养、扶养能力的老年人、残疾人以及未满16周岁的未成年人，给予特困人员供养。供养的内容包括提供基本生活条件，对生活不能自理的给予照料，提供疾病治疗，办理丧葬事宜等。小芳唯一的抚养人没有生活来源，其可以享受国家的特困供养。

但是，小芳的情况，也符合我国"事实无人抚养儿童"的条件。事实无人抚养儿童是指父母双方均符合重残、重病、服刑在押、强制隔离戒毒、被执行其他限制人身自由的措施、失联情形之一的儿童；或者父母一方死亡或失踪，另一方符合重残、重病、服刑在押、强制隔离戒毒、被执行其他限制人身自由的措施、失联情形之一的儿童。对于小芳这种，既符合特困供养又符合事实无人抚养儿童条件的，不可以同时享受特困人员救助供养金和事实无人抚养儿童基本生活保障补贴。但是根据规定，已获得最低生活保障金、特困人员救助供养金或者困难残疾人生活补贴且未达到事实无人抚养儿童基本生活保障补贴标准的进行补差发放，其他事实无人抚养儿童按照补贴标准全额发放。像小芳这样的情况，如果当地的特困救助金少于事实无人抚养儿童生活保障补贴，那么她被确定为事实无人抚养儿童后可以去相关部门申请补差，并且以后可以按照按照补贴标准全额发放。

政策法律依据

《社会救助暂行办法》

第十四条　国家对无劳动能力、无生活来源且无法定赡养、抚养、扶养义务人，或者其法定赡养、抚养、扶养义务人无赡养、抚养、扶养能力的老年人、残疾人以及未满16周岁的未成年人，给予特困人员供养。

第十五条　特困人员供养的内容包括：

（一）提供基本生活条件；

（二）对生活不能自理的给予照料；

（三）提供疾病治疗；

（四）办理丧葬事宜。

特困人员供养标准，由省、自治区、直辖市或者设区的市级人民政府确定、公布。

特困人员供养应当与城乡居民基本养老保险、基本医疗保障、最低生活保障、孤儿基本生活保障等制度相衔接。

06 哪些人可以申请领取优抚对象优待证？该证具有哪些功能？

疑惑

董某是家中独子，从小就对军人有一种特殊的感情，对部队生活充满向往。成年以后，董某听到村里喇叭广播征兵，就开始准备参军事宜，父母虽不舍得孩子去当兵，但是也表示支持。后来，董某通过各方面考核，终于成为一名军人。但是，董某当兵后没几年，就在部队不幸因公牺牲。董某的表姐得知后来参加后事，安慰之余告知董某父母，其可以领取优抚对象优待证，享受优抚待遇。请问，哪些人可以申请领取优抚对象优待证？该证具有哪些功能？

解析

在我国，优待证是指“中华人民共和国退役军人优待证”和“中华人民共和国烈士、因公牺牲军人、病故军人遗属优待证”，是为符合条件的退役军人和烈士遗属、因公牺牲军人遗属、病故军人遗属等其他优抚对象发放的证件。前者的领取人员范围仅限于退役军人，而后者的领取人员范围比较广泛，需要根据实际情况予以确定。对此，

《退役军人、其他优抚对象优待证管理办法(试行)》第49条明确规定,烈士、因公牺牲军人、病故军人的配偶、父母(抚养人)、子女,以及由其承担抚养义务的兄弟姐妹可以领取优抚对象优待证。案例中董某系因公牺牲的军人,其父母是可以领取优待证的。

优待证有许多功能,根据《退役军人、其他优抚对象优待证管理办法(试行)》第10条的规定,持证人凭优待证按照《退役军人保障法》和国家有关规定,享受公共交通、文化、旅游等方面的优待服务。同时,国家也鼓励企业、社会组织等社会各界为持证人提供多元化优待服务。也就是说,持有优待证的人,可以在省行政区域内的公共服务机构和场所享受优先或优惠待遇。比如在全省行政区域内的铁路、公路、航空、港口、金融、公园、风景名胜区、旅游风景区、博物馆、纪念馆、市民服务中心、医疗机构等公共服务机构和场所,可以不同程度地享受优先或优惠待遇等。

政策法律依据

《退役军人、其他优抚对象优待证管理办法(试行)》

第十条　持证人凭优待证按照《中华人民共和国退役军人保障法》和国家有关规定,享受公共交通、文化、旅游等方面的优待服务。

国家将不断调整基本优待目录清单项目,以优待证为识别认证载体,充分发挥优待证服务使用功能,更好地为持证人服务。

第十一条　持证人凭优待证享受发放省份提供的优待服务。

鼓励各地在有条件的基础上,将本地提供的优待服务面向全国持证人开放。

第四十九条 本办法所指的烈士、因公牺牲军人、病故军人的遗属，是指烈士、因公牺牲军人、病故军人的配偶、父母（抚养人）、子女，以及由其承担抚养义务的兄弟姐妹。

07 退役军人回乡带领村民创业，会有帮扶或优惠政策吗？

疑惑

刘某是一名退役军人。县政府对刘某这一批退役军人一直在积极地帮助解决工作就业问题，但是有关部门推荐的工作都不合刘某的心意。刘某生长在农村，家乡是一个种植茶叶的好地方，但是村里的茶叶都是运到外地加工，本地没有像样的茶厂。于是刘某考虑，自己可以在村子里开设一个茶厂，自己加工茶叶并外销。同时还可以带领乡亲们一起创业，共同致富。他听说还会有优惠政策在创业初期帮助他们。请问，退役军人回乡带领村民创业，会有帮扶或优惠政策吗？

解析

国家一直在积极采取政府推动、市场引导、社会支持相结合的方式,鼓励和扶持退役军人就业创业。对于退役军人回乡带领乡亲们创业的,也会有一定的帮扶和优惠政策。对此,我国《退役军人保障法》第 39 条、第 45 条、第 46 条规定,各级人民政府应当加强对退役军人就业创业的指导和服务,鼓励地方政府为退役军人提供经营场地、投资融资等方面的优惠服务。如果退役军人创办小微企业,还可以按照国家有关规定申请创业担保贷款,并享受贷款贴息等融资优惠政策。所以,退役军人返乡创业,政府不但会加强指导和服务,还会在经营、投资、贷款等方面给予一定的扶持和优惠。目前,不少地区都创建了军创园退役军人创业孵化基地,为退役军人返乡创业提供一站式帮扶。

退役军人接受过军队的专业教育和训练,具有严格的纪律观念和攻坚克难的品质。退役军人返乡带领乡亲们创业,在解决退役军人就业问题的同时,可以推动乡村经济的发展,提高村民们的收入。不仅是国家、政府,各个村集体也要提倡和支持这种行为,激励退役军人为乡村改革发展积极地作出贡献。

政策法律依据

《中华人民共和国退役军人保障法》

第三十八条 国家采取政府推动、市场引导、社会支持相结合的方式,鼓励和扶持退役军人就业创业。

第三十九条 各级人民政府应当加强对退役军人就业创业的指导和服务。

县级以上地方人民政府退役军人工作主管部门应当加强对退役军人就业创业的宣传、组织、协调等工作,会同有关部门采取退役军人专场招聘会等形式,开展就业推荐、职业指导,帮助退役军人就业。

第四十五条 县级以上地方人民政府投资建设或者与社会共建的创业孵化基地和创业园区,应当优先为退役军人创业提供服务。有条件的地区可以建立退役军人创业孵化基地和创业园区,为退役军人提供经营场地、投资融资等方面的优惠服务。

第四十六条 退役军人创办小微企业,可以按照国家有关规定申请创业担保贷款,并享受贷款贴息等融资优惠政策。

退役军人从事个体经营,依法享受税收优惠政策。

08 农村的现役军人家庭会享有优待金吗?

疑惑

何某是某村的村民,何某的太爷爷曾经是一名军人,何某小时候经常听爷爷讲起太爷爷的故事,深受感染。成年后,何某最关心的事情就是能不能去当兵。后来听到了征兵的消息,何某第一时间报了名。经过各种环节后,何某终于成为一名军人。但是,何某去当兵之前心里开始担心起来,毕竟何某家境不好,父母岁数大了,自己走后,家里的生活该怎么办。何某的父亲安慰何某,称党和政府不会让他们饿着的,他们会被优待的。那么,是这样的吗?农村的现役军人家庭会享有优待金吗?

解析

何某父亲所言是正确的。根据《军人抚恤优待条例》第 33 条的规定,义务兵服现役期间,其家庭由当地人民政府发给优待金或者给予其他优待,优待标准不低于当地平均生活水平。所以,在何某服兵役期间,何某的父母会收到当地人民政府发放的优待金或者其他优待,以保证何某父母的生活水平不低于当地的平均水平。这也是我们国家对现役军人家庭的一项优抚政策,保证军人家属的生活,解决军人的后顾之忧。

那么,优待金的标准是怎么确定的呢?根据我国有关规定,现役军人家庭的优待金标准由各省(区、市)参考本省(区、市)城乡居民年人均消费支出水平等因素合理确定,实行城乡统一。各省(区、市)家庭优待金标准,不得低于中央财政定额补助标准,不应高于本省(区、市)上年度城镇居民人均消费支出水平。对入伍大学生义务兵、服役部队驻地在艰苦边远地区(如西藏、新疆等)的义务兵家庭可以适当增发家庭优待金。

需要注意的是,现役军人家庭优待金发放时间从批准入伍时间开始计算,每服满6个月义务兵役发放一次,不满6个月按6个月发放,原则上不超过2年。

政策法律依据

《军人抚恤优待条例》

第三十三条 义务兵服现役期间,其家庭由当地人民政府发给优待金或者给予其他优待,优待标准不低于当地平均生活水平。

义务兵和初级士官入伍前是国家机关、社会团体、企业事业单位职工(含合同制人员)的,退出现役后,允许复工复职,并享受不低于本单位同岗位(工种)、同工龄职工的各项待遇;服现役期间,其家属继续享受该单位职工家属的有关福利待遇。

义务兵和初级士官入伍前的承包地(山、林)等,应当保留;服现役期间,除依照国家有关规定和承包合同的约定缴纳有关税费外,免除其他负担。

义务兵从部队发出的平信，免费邮递。

09 烈士的子女会得到怎样的优抚待遇？

疑惑

王某是一名军人，进入部队已经数十载。自参军之日起，王某就严格要求自己，经常得到表彰。王某有一个 8 岁的女儿，平日里跟母亲和姥姥一起在农村老家生活。某日，王某随部队执行某任务时不幸牺牲，后被评定为烈士。王某妻子听到这个消息十分悲痛，看着自己正在读小学的女儿，一时难以接受。有关部门对王某的妻子表示了慰问，并称孩子还小，国家会定期发放抚恤金，将来当兵上学国家也都有帮扶政策。请问，烈士的子女会得到怎样的优抚待遇？

解析

王某在部队因公牺牲后被评为烈士，其 8 岁的女儿尚未成年，根据《烈士褒扬条例》第 16 条的规定，其女儿可以享受定期抚恤金。除此之外，从《烈士褒扬条例》第 22 条的规定可知，如果其女儿长大后也想当兵，且符合征兵条件的，在同等条件下优先批准其服现役。将来符合公务员考录条件的，在同等条件下优先录用为公务员。烈士子女在受教育方面也会予以优待,同等条件下优先录取,免交各类费用、享受助学政策等。

对于烈士遗属,我们每个人都应该优待帮扶,为他们提供力所能及的帮助。同时国家也一直在不断加强对烈士遗属的关心和慰问,广泛动员、积极引导社会各方面力量参与烈士遗属优待工作,汇聚全社会关爱烈士遗属的强大力量。

政策法律依据

《烈士褒扬条例》

第十六条 符合下列条件之一的烈士遗属,享受定期抚恤金:

(一)烈士的父母或者抚养人、配偶无劳动能力、无生活来源,或者收入水平低于当地居民的平均生活水平的;

(二)烈士的子女未满 18 周岁,或者已满 18 周岁但因残疾或者正在上学而无生活来源的;

(三)由烈士生前供养的兄弟姐妹未满 18 周岁,或者已满 18 周岁但因正在上学而无生活来源的。

符合前款规定条件享受定期抚恤金的烈士遗属,由其户口所在地的县级人民政府退役军人事务部门发给定期抚恤金领取证,凭证领取定期抚恤金。

第二十二条 烈士的子女、兄弟姐妹本人自愿,且符合征兵条件的,在同等条件下优先批准其服现役。烈士的子女符合公务员考录条件的,在同等条件下优先录用为公务员。

烈士子女接受学前教育和义务教育的,应当按照国家有关规定予以优待;在公办幼儿园接受学前教育的,免交保教费。烈士子女报考普通高中、中等职业学校、高等学校研究生的,在同等条件下优先录取;报考高等学校本、专科的,可以按照国家有关规定降低分数要求投档;在公办学校就读的,免交学费、杂费,并享受国家规定的各项助学政策。

烈士遗属符合就业条件的,由当地人民政府人力资源社会保障部门优先提供就业服务。烈士遗属已经就业,用人单位经济性裁员时,应当优先留用。烈士遗属从事个体经营的,市场监督管理、税务等部门应当优先办理证照,烈士遗属在经营期间享受国家和当地人民政府规定的优惠政策。

CHAPTER

2

第二章

社会保险与灾害救助

10 什么是新型农村社会养老保险？哪些人可以参加？

疑惑

2010年，刚高中毕业的小李到县城找了一份修车的工作，从学徒到出师，足足花了2年时间。2012年的一个周末，小李从租住的小区公示栏中看到，新一年的城镇居民养老保险缴费开始了，想到自己一直没有太正规的五险一金待遇，就打算趁这个机会交城镇居民养老保险，将来也多个保障。谁知在缴费时，工作人员告知小李，他已经在农村老家缴纳了新型农村社会养老保险，不能重复参保，必须先退交才能再办理。小李赶紧联系家里询问缘由，原来是村里集中组织交新农保的时候，父母给小李也交了一份，那时候告诉小李的名字是“新农保”，就是个简称，所以小李没有什么印象。那么，什么是新型农村社会养老保险？哪些人可以参加？

解析

农村社会养老保险是参照行之有效的城镇居民养老保险制度模式，以保障农村居民年老时的基本生活为目的，由政府组织开展的，专门针对农村居民的社会养老保险制度。2009 年推行的新型农村社会养老保险,也就是人们俗称的“新农保”,更加适于当时我国农村参保现状。2014 年,经国务院决定,将新农保和城镇居民社会养老保险(以下简称城居保)的试点经验整合,将新农保和城居保两项制度合并实施,在全国范围内建立统一的城乡居民基本养老保险(以下简称城乡居民养老保险)制度。《国务院关于建立统一的城乡居民基本养老保险制度的意见》第 2 条明确指出,“十二五”末,在全国基本实现新农保和城居保制度合并实施,并与职工基本养老保险制度相衔接。2020 年前,全面建成公平、统一、规范的城乡居民养老保险制度。该文件的实施,意味着新农保政策退出了历史舞台,但新农保政策发挥的作用得以延续下来。如果说,新农保是数千年来,以养儿防老为主要模式的中国农民,第一次有了自己的国家养老金,那么,当下的城乡居民养老保险制度,又将这一历史进步再次固化、优化。

新农保的参保人员范围被现行的城乡居民养老保险参保范围完全涵盖进来,二者均将年龄起始线限定为年满 16 周岁,并且都排除了在校学生、参加职工基本养老保险群体。因此,在上面的案例中,投保发生 2014 年以前,新农保和城居保尚未并轨,二者只能选其一,小李不能重复参保。

政策法律依据

《国务院关于建立统一的城乡居民基本养老保险制度的意见》

二、任务目标

坚持和完善社会统筹与个人账户相结合的制度模式，巩固和拓宽个人缴费、集体补助、政府补贴相结合的资金筹集渠道，完善基础养老金和个人账户养老金相结合的待遇支付政策，强化长缴多得、多缴多得等制度的激励机制，建立基础养老金正常调整机制，健全服务网络，提高管理水平，为参保居民提供方便快捷的服务。“十二五”末，在全国基本实现新农保和城居保制度合并实施，并与职工基本养老保险制度相衔接。2020年前，全面建成公平、统一、规范的城乡居民养老保险制度，与社会救助、社会福利等其他社会保障政策相配套，充分发挥家庭养老等传统保障方式的积极作用，更好保障参保城乡居民的老年基本生活。

三、参保范围

年满16周岁（不含在校学生），非国家机关和事业单位工作人员及不属于职工基本养老保险制度覆盖范围的城乡居民，可以在户籍地参加城乡居民养老保险。

11 哪些缴费会计入养老保险的个人账户？

疑惑

小张是家里的独生子，除了父母外，他还有爷爷奶奶和姥姥姥爷。随着年龄的增长，小张日益感到养老的压力倍增。看到新闻报纸上铺天盖地地讨论养老问题，小张打算劝父母也尽快参保城乡居民养老保险。但小张的母亲觉得，自己每年才交那么点钱，将来也领不了太多钱，跟自己攒着放银行是一样的。后来村干部在广播站催参保人员缴费的时候，小张就去村委会询问了这个事，他想知道为啥这么多人都参保了这个养老保险。工作人员解释说，城乡居民养老保险的个人账户资金来源不只有自己缴纳的部分，还有其他渠道。那么，哪些缴费会计入养老保险的个人账户呢？

解析

城乡居民养老保险，设立有个人账户和社会统筹账户，其基金由个人缴费、集体补助、政府补贴三部分构成。就个人账户而言，《国务院关于建立统一的城乡居民基本养老保险制度的意见》第5条明确规定，国家为每个参保人员建立终身记录的养老保险个人账户，个人缴费、地方人民政府对参保人的缴费补贴、集体补助及其他社会经济组织、公益慈善组织、个人对参保人的缴费资助，全部记入个人账户。因此，案例中小张的母亲忽略了城乡居民养老保险其他资助、政府补贴等养老金来源，单单认为是自己缴费就是个人账户的全部资金数额是错误的、片面的。

此外，养老金中的个人账户具有银行储蓄的类似功能，目前每年参考的是中国人民银行公布的金融机构人民币一年期存款利率计息，即便某一年没有得到补贴和资助，个人账户里的资金也可以按照银行一年期存款获取利息。可以说，缴纳城乡居民养老保险是百利而无一害的，基于上述利好惠民的政策，小张可以建议他的父母尽快参保。

作为一个拥有几亿农民的农业大国，解决农民养老问题是现代化进程中亟待解决的问题，政府和社会力量要加大政策宣传，让更多人真正了解养老保险待遇政策，努力做到应保尽保，让好的政策落地生根，造福全国农民。

政策法律依据

《国务院关于建立统一的城乡居民基本养老保险制度的意见》

12 养老金自什么时候发放与结束？养老金可以继承吗？

疑惑

老李是个踏实肯干的人，辛勤劳作半辈子，把儿子供到大学毕业又在城里落户。时间久了，老李有些体力不支，还稍微有了点驼背。村干部在家庭走访时交谈到，为什么老李非要让孩子在城里生活，现在很多大学毕业生都在农村创业，赚的也不比城里人少。老李说，城里老人有城镇居民养老金待遇，多一份保障。村干部笑着说："这就是你老李不关心国家政策，整天心里就只有你地里的麦苗，现在农民也有养老金啦，隔壁村的孙大爷每个月早就领上了养老金，有了城乡居民养老保险，我们农民不用再羡慕别人啦。"那么，农民的养老金自什么时候发放与结束？养老金可以继承吗？

解析

《国务院关于建立统一的城乡居民基本养老保险制度的意见》中就明确规定了城乡居民养老保险制度，按照该意见第 6 条、第 7 条的规定，养老金待遇由基础养老金和个人账户养老金组成，自年满 60

周岁且未领取国家规定的基本养老保障待遇的，可以按月领取城乡居民养老保险待遇，并且支付终身。当然，除了年满60岁的发放节点要求应当满足，还需要满足累计缴费年限的相关规定，才能成功领取养老金。

如果出现参保人死亡的情况，参保人个人账户中的资金余额，是属于个人合法财产的，其继承人可以依法继承。城乡居民养老保险制度中养老金待遇的适用，是推进城乡一体化进程的一项重要举措。案例中的老李大可以安于农村生活，去除养老的顾虑，积极参保，享受国家优惠政策带来的红利。

政策法律依据

《国务院关于建立统一的城乡居民基本养老保险制度的意见》

六、养老保险待遇及调整

城乡居民养老保险待遇由基础养老金和个人账户养老金构成，支付终身。

……

(二)个人账户养老金。个人账户养老金的月计发标准，目前为个人账户全部储存额除以139(与现行职工基本养老保险个人账户养老金计发系数相同)。参保人死亡，个人账户资金余额可以依法继承。

七、养老保险待遇领取条件

参加城乡居民养老保险的个人，年满60周岁、累计缴费满15

年，且未领取国家规定的基本养老保障待遇的，可以按月领取城乡居民养老保险待遇。

新农保或城居保制度实施时已年满60周岁，在本意见印发之日前未领取国家规定的基本养老保障待遇的，不用缴费，自本意见实施之月起，可以按月领取城乡居民养老保险基础养老金；距规定领取年龄不足15年的，应逐年缴费，也允许补缴，累计缴费不超过15年；距规定领取年龄超过15年的，应按年缴费，累计缴费不少于15年。

13 什么是新型农村合作医疗制度？其对农民有哪些切实的帮助？

疑惑

最近，老王在村委会公示栏中看到了新型农村合作医疗缴费通知，老王算了一下，按照今年每人320元的价格，一个家庭六口人，需要一下子交纳2000块钱，这对长期以务农为生的家庭来说确实是个不小的负担。老王、他妻子还有两个孩子基本上每年都用不上这份保障，老王就和妻子商量，趁着现在身体条件比较好，就只给孩子的爷爷、奶奶参保，他们四个人实在没必要浪费这笔钱。缴费的截止日期就快到了，村委会见老王家没有全员参保，就上门做政策宣传解答工作，工作人员指出：就是因为老王一家不了解新型农村合作医疗制度的好处，才没参保的。那么，什么是新型农村合作医疗制度？其对农民有哪些切实的帮助？

解析

新型农村合作医疗制度的定义在《国务院办公厅转发卫生部等部门关于建立新型农村合作医疗制度意见的通知》第1项“目标和原则”部分就作出了专门解答，这一制度是由政府组织、引导、支持，农民自愿参加，个人、集体和政府多方筹资，以大病统筹为主的农民医疗互助共济制度。个人尤其是经济较为落后的农民，抵御重大疾病风险的能力是十分有限的，导致因病致贫和因病返贫问题较为突出，更有很多患病群众因此不敢随便就医，小病拖延成大病，错过最佳治疗时间，苦不堪言。所以国家出台互助共济制度，推进农村卫生改革，让农村朋友切实得到实惠，切实解决广大农民“看病难、看病贵”的难题。

建立新型农村合作医疗制度，最为直接的作用就是降低了参保农民治病就医的医药费个人支出，治大病花小钱，也就保障了农民敢于享受基本卫生服务，缓解了农民因病致贫和因病返贫的窘状。随着报销范围、比例的不断增加，老王家这一群体必然会更加理智地进行参保缴费，毕竟参加新农合能增强我们的防范能力。目前，地方政府还推出了很多“血糖、血压、血脂检测”等医疗检查活动，回馈参保人员，真正做到集于百姓的钱，用于百姓的事。

政策法律依据

《国务院办公厅转发卫生部等部门关于建立新型农村合作医疗制度意见的通知》

14 什么是城乡医疗救助制度？哪些人可以得到救助？

疑惑

老周是村里的低保户，家里就他一个人带着个孩子，因为年轻时得了严重的类风湿，双手变形，难以拾、拿重物，家里没有经济来源，一直靠着国家低保勉强支撑生活和孩子的学习。这两年，老周的类风湿越来越严重，膝盖的骨头变形错位，需要置换假体，虽然有新型农村合作医疗报销，但是个人负担部分仍然非常高，让老周难以负担。在县民政部门送温暖的活动中，老周说出了自己的难处，工作人员告知老周可以放心手术，国家有城乡医疗救助制度，老周医疗费中医保不能报销的部分可以通过这一制度得到救助。那么，什么是城乡医疗救助制度？哪些人可以得到救助？

解析

城乡医疗救助制度是通过设立城乡医疗救助基金,对基本医疗保险等报销的一种补充救助制度,也是国家对无法参加基本医疗服务的困难人员的一种直接提供医疗资金救助的制度。根据我国《城乡医疗救助基金管理办法》第8条的规定,城乡医疗救助基金是对经基本医疗保险、大病保险和商业保险等补偿后,救助对象仍难以负担的合理医疗费用给予补助,帮助困难群众获得基本医疗服务。对因各种原因未能参加基本医疗保险的救助对象个人自负医疗费用,可直接给予救助。这一制度很大程度上缓解了生活极度困难人员就医看病的负担,是医疗救助中的一项兜底制度。

那么,哪些人符合这一救助支付呢?根据《城乡医疗救助基金管理办法》第7条的规定,城乡医疗救助基金的救助对象是城乡低保对象、农村五保供养对象,以及其他符合医疗救助条件的经济困难群众。据此可知,案例中的老周作为低保户,是完全符合救助对象要求的。

政策法律依据

《城乡医疗救助基金管理办法》

第七条 城乡医疗救助基金的救助对象是城乡低保对象、农村五保供养对象,以及其他符合医疗救助条件的经济困难群众。

第八条 城乡医疗救助基金应分别结合城镇居民基本医疗保险和新型农村合作医疗制度(以下简称基本医疗保险)的相关政策规定,统筹考虑城乡困难群众的救助需求,首先确保资助救助对象全部参加基本医疗保险,其次对经基本医疗保险、大病保险和商业保险等补偿后,救助对象仍难以负担的符合规定的医疗费用给予补助,帮助困难群众获得基本医疗服务。对因各种原因未能参加基本医疗保险的救助对象个人自负医疗费用,可直接给予救助。

15 因自然灾害导致房屋受损的,会得到什么补助? 申请该补助需要履行怎样的程序?

疑惑

赵某家乡因为受到台风影响,相较于往年,今年降水量骤增。在接到洪峰将至的紧急撤离通知后,赵某一家便简单收拾了一些东西撤往了政府指定的安全区域。等到洪水退去,赵某回到家发现,家里的三间房屋都被洪水完全冲毁了,一家人只得暂时住在安置点内。面对这种情况,赵某对于一家人今后的生活表现得十分忧愁。在领取生活物资时,赵某看到救灾干部正在发放补助领取宣传单，于是赶忙上前询问具体的政策与申请程序。那么，因自然灾害导致房屋受损的，会得到什么补助？申请该补助需要履行怎样的程序？

解析

社会生活中，房屋的建设或购置往往是普通居民或村民家庭最大的投入，而房屋恰恰又是人民赖以生存的基础与心理依靠，但是当灾害来临的时候，房屋因为其不可移动性往往是最容易遭到破坏的。当灾难过去，面对破坏毁损的房屋，受灾群众可能要倾其所有进行修补、翻盖，担心无力修复而流离失所。面对这种情况，国务院出台了《自然灾害救助条例》，对因灾害致使房屋毁损的居民予以救助，以帮助他们实现灾后重建，开始新的生活。

依据《自然灾害救助条例》第 19 条第 3 款的规定，赵某可以获得补助资金和物资，还可以获得住房城乡建设等部门为受灾人员重建或者修缮因灾损毁的居民住房提供的必要技术支持。在程序上，《自然灾害救助条例》第 20 条规定，申请主体是受自然灾害影响住房安全的群众，可以是本人自主申请或者经村民小组、居民小组提名。经村民委员会、居民委员会民主评议，符合救助条件的，在自然村、社区范围内公示；无异议或者经村民委员会、居民委员会民主评议异议不成立的，由村民委员会、居民委员会将评议意见和有关材料提交乡镇人民政府、街道办事处审核，报县级人民政府应急管理等部门审批。之后，上级部门实地走访、调研以确定并公布符合救助人员名单，并根据实际情况予以救助。

政策法律依据

《自然灾害救助条例》

第十九条第三款 受灾地区人民政府应急管理等部门应当向经审核确认的居民住房恢复重建补助对象发放补助资金和物资，住房城乡建设等部门应当为受灾人员重建或者修缮因灾损毁的居民住房提供必要的技术支持。

第二十条 居民住房恢复重建补助对象由受灾人员本人申请或者由村民小组、居民小组提名。经村民委员会、居民委员会民主评议，符合救助条件的，在自然村、社区范围内公示；无异议或者经村民委员会、居民委员会民主评议异议不成立的，由村民委员会、居民委员会将评议意见和有关材料提交乡镇人民政府、街道办事处审核，报县级人民政府应急管理等部门审批。

16 农作物因自然灾害大量减产的，可以申请补助吗？

疑惑

夏季来临，小赵所在的村镇出现了严重的干旱，虽然政府组织了“送水保丰收”专项行动，但是地里的庄稼还是错过了最佳生长期，还有很多苗直接旱死了。到了秋收的时候，本就稀疏的玉米秧子，结出的苞米很少，自家吃饭都供不上，根本没法再通过售卖赚钱了。眼看寒冬来临，小赵愁得唉声叹气，这时候邻居小宋过来闲聊，听了小赵的担忧后，立刻告诉小赵不用过分担心，国家有很多补助政策，他们二人可以一起申请受灾补助。那么，农作物因自然灾害大量减产的，可以申请补助吗？

解析

受灾害影响的地区人民政府对灾民实行基本生活救助，按照《自然灾害救助条例》第 21 条的规定，受自然灾害影响地区县级人民政府应急管理部门应于每年 10 月底前，对受灾人员进行评估，当年冬季和第二年春季对基本生活困难和需要进行核实，制订救助工作计划，政府批准后，由应急管理部门为生活困难的受灾人员提供基本生活救助。案例中小赵和邻居小宋均因本地区遭遇严重干旱这一自然灾害，导致庄稼大量减产，出现了生活困难的问题，二人可以申报自然灾害基本生活救助。

当然，想要改变生活窘迫难题的受灾人员，除了政府、社会力量的支持外，还需要自己不断地努力，不能盲目地等、靠、要，更不能因为政府的救助力度大，就滋生好吃懒做、坐享其成的思想。广大受灾群众要自觉树立自强先锋等典型，以正面典型为引领，好好地利用国家的救助政策，以自己的勤劳、智慧，走出一条可持续的致富道路。因此，案例中的小赵和小宋除了正常申报政府救助外，还需要自己用心思、下力气，争取下一年的丰收。

政策法律依据

《自然灾害救助条例》

第二十一条 自然灾害发生后的当年冬季、次年春季，受灾地区人民政府应当为生活困难的受灾人员提供基本生活救助。

受灾地区县级人民政府应急管理部门应当在每年10月底前统计、评估本行政区域受灾人员当年冬季、次年春季的基本生活困难和需求，核实救助对象，编制工作台账，制定救助工作方案，经本级人民政府批准后组织实施，并报上一级人民政府应急管理部门备案。

17 自然灾害救助款物要用于哪些方面，使用时是绝对的“免费”吗？

疑惑

某地发生了6.7级地震，震源深度足有10千米，震中区域房屋等建筑物倒塌严重，路面也都出现了变形，受灾人员小李是本次地震的幸存者之一。该市政府了解到地震台的情况通报后，迅速启动了应急救助方案，组织了多辆汽车装载50吨救灾物资，第一时间送到灾民安置点。看着一辆一辆救灾物资车驶过自己的面前，小李发现每辆车上都有个条幅，写着“自然灾害救助款物、一方有难八方支援”，小李就向政府工作人员询问，这些物资主要是用于哪些方面，是否是免费使用的？

解析

严重的自然灾害发生后，通常政府部门会紧急转运安置受灾人员，并向受灾人员紧急运送救灾帐篷、棉衣、棉被、饮用水等救助物资，这些物资都属于自然灾害救助款物中的“物”，还有一些专项的救助资金也会同时到位，关于这些款物的使用是否收费，在我国《自然灾害救助条例》第24条中就有明确的规定,自然灾害救助款物专款(物)专用,无偿使用。也就是说,如果灾民小李使用了他分得的救助物资,是绝对免费的。

此外,政府部门和社会组织都可以接受社会捐赠,如果捐赠人定向捐赠,那就必须按照捐赠人的意愿使用,如果他们接受的是无指定意向的物资,就会用于自然灾害救助,救助范围按照《自然灾害救助条例》第25条的规定,包括受灾人员的紧急转移安置,基本生活救助,医疗救助,教育、医疗等公共服务设施和住房的恢复重建、因灾遇难人员亲属的抚慰等项支出。据此可知,自然灾害救助款物范围很广,并不仅仅是我们在受灾第一现场看到的帐篷、棉被、食品等基本生活救助,还有用于公共服务设施和住房的恢复重建等后续民生建设的必要投入,是受灾群众解决温饱、重建家园的重要支撑,必须做到专款专用。

政策法律依据

《自然灾害救助条例》

第二十四条 自然灾害救助款物专款(物)专用,无偿使用。

定向捐赠的款物,应当按照捐赠人的意愿使用。政府部门接受的捐赠人无指定意向的款物,由县级以上人民政府应急管理部门统筹安排用于自然灾害救助;社会组织接受的捐赠人无指定意向的款物,由社会组织按照有关规定用于自然灾害救助。

第二十五条 自然灾害救助款物应当用于受灾人员的紧急转移

安置，基本生活救助，医疗救助，教育、医疗等公共服务设施和住房的恢复重建，自然灾害救助物资的采购、储存和运输，以及因灾遇难人员亲属的抚慰等项支出。

18 截留、挪用、私分自然灾害救助款物或者捐赠款物的，要承担怎样的法律责任？

疑惑

某民政局工作人员孙某因家中购房资金不足，想要借用一部分捐赠款，孙某还给另一位主管捐赠物资的同事写了50万元的借条，将借条存在库内。孙某以为这种借用，只要尽早归还就行了。不料，半个月后，该市某县区就发生了泥石流，市政府召开紧急救援会，确定了救援方案，由民政部门在24小时内将定向用于某县自然灾害救助的捐赠款物运抵灾区安置点。民政部门执行方案过程中发现了孙某挪用定向捐赠款物的事实，主管领导找到孙某谈话，要求其立刻退还所用借款，还需要依法承担法律责任。请问，截留、挪用、私分自然灾害救助款物或者捐赠款物的，要承担怎样的法律责任？

解析

根据我国《公益事业捐赠法》第5条的规定，任何单位和个人均不得将捐赠财产挪作他用。捐赠财产时，捐赠人可以约定财产用途，如救助灾害、救济贫困、扶助残疾人、环境保护、社会公共设施建设等，受赠单位应当按照捐赠人的意图使用捐赠物资。案例中的捐赠物资是专门用于某个县区自然灾害救助的，即便是挪用于其他行政区域的灾害救助都属于法律禁止的挪用行为，更不用说是个人“借用”了。

根据《公益事业捐赠法》第29条和《自然灾害救助条例》第29条的规定，截留、挪用、私分自然灾害救助款物或者捐赠款物，由任免机关或者监察机关依照法律法规给予处分；构成犯罪的，依法追究刑事责任；其中挪用捐赠款物的，还要由县级以上人民政府有关部门责令退还所用、所得款物，并处以罚款。我们要时刻谨记捐赠款姓“公”，绝不能私用，更不能用于个人生活购置大宗商品应急，否则，国家政策、法律都会对这种敢向捐助款物、捐赠款物伸手的不法行为予以严厉的制裁！

政策法律依据

《中华人民共和国公益事业捐赠法》第5条、第29条

《自然灾害救助条例》第29条

19 村民骗取、抢夺、哄抢自然灾害救助款物或者捐赠款物的，要承担怎样的法律责任？

疑惑

某县山地发生了严重的泥石流灾害，市政府责成该县民政部门将首批保障物资送到受灾地区，由于山路崎岖，且天色已晚，有辆保障运输车倾倒了，保障物资掉落一地。附近居住的村民赶过来看热闹，看到有人拾起散落的物资就往家里走，村民小刘就大声哄抢，现场一度混乱。等到当地派出所和民政局负责人到场时，物资已经被抢走大半了。民政局负责人称，这批保障物资属于自然灾害救助专项物资，凡是有骗取、抢夺、哄抢行为的村民，将交由派出所民警带回所里批评教育，并给予相应法律处罚。请问，村民骗取、抢夺、哄抢自然灾害救助款物或者捐赠款物的，要承担怎样的法律责任？

解析

自然灾害救助款物、捐赠款物不同于寻常的个人财产，由于救灾注重时效性，骗取、抢夺、哄抢此类物资，会延误抢险救灾进程及效果。因此,此类物资是绝对不能像案例中的村民那样肆意哄抢的。根据《自然灾害救助条例》第31条的规定,抢夺、哄抢自然灾害救助款物或者捐赠款物的,由县级以上人民政府应急管理部门责令停止违法行为;构成违反治安管理行为的,由公安机关依照《治安管理处罚法》第49条的规定给予治安管理处罚;构成犯罪的,依法追究刑事责任。

另外,除了哄抢物资的不法行为会被严厉制裁外,现实中还屡屡出现骗取相关物资的行为,这类不法分子,想要以瞒天过海的方式占物资为己有,一旦被查证核实其不法行为的,根据《自然灾害救助条例》第30条的规定,由县级以上人民政府应急管理部门责令限期退回违法所得的款物;构成犯罪的,依法追究刑事责任。只有惩处打击此类不法行为,才能保障救灾物资真正发放到受灾民众的手里,用在实处。

政策法律依据

《自然灾害救助条例》第30条、第31条

《中华人民共和国治安管理处罚法》第49条

20 家里失火后，可以得到怎样的救助？

疑惑

持续的高温干旱天气引发了山火，住在附近的村民张某因正在外出才逃过一劫，但也因为这场山火瞬间变得一无所有。虽然山火已经被扑灭，但他的房子已经被烧的只剩下残缺的承重墙，一家人吃饭、睡觉都成了问题。张某正觉得自己的生活没了着落时，和他面临同样问题的老乡安慰他，说三四年前自己家里就遇到过这种事，这种自然灾害导致的家里失火，政府和社会都会有专门的救助措施。那么，像小张这样，家里失火后，可以得到怎样的救助？

解析

发生自然灾害导致受灾人员有重大财产损失的，尤其是房屋受损不能居住的，政府部门会给予人、财、物等多方面的救助。具体而言，我国《自然灾害救助条例》第 19 条明确规定，政府会组织重建或者修缮因灾损毁的居民住房，对恢复重建确有困难的家庭将予以重点帮扶，包括发放补助资金、物资。还有人力方面，会由住房城乡建设等部门提供必要的技术支持。可以说政府的帮扶救助是全方位的，受灾群众完全可以安心生产生活。

当然，除了政府救助外，一般还有来自社会捐赠的款物，社会捐赠款物按照《自然灾害救助条例》第24条、第25条的规定，政府部门、社会组织接受的无指定意向的捐赠款物，会用于受灾人员医疗、教育、基本生活救助等多方面的安置。这些救助既能照顾到受灾者当下最紧急的生活所需，又涵盖了为受灾者长久使用的住房、公共服务设施恢复重建需求。案例中受灾人员张某大可放心，在政府的关心和救助下，生活很快就会步入正轨的。

政策法律依据

《自然灾害救助条例》

第十九条 自然灾害危险消除后，受灾地区人民政府应当统筹研究制订居民住房恢复重建规划和优惠政策，组织重建或者修缮因灾损毁的居民住房，对恢复重建确有困难的家庭予以重点帮扶。

……

受灾地区人民政府民政等部门应当向经审核确认的居民住房恢复重建补助对象发放补助资金和物资，住房城乡建设等部门应当为受灾人员重建或者修缮因灾损毁的居民住房提供必要的技术支持。

第二十四条 自然灾害救助款物专款（物）专用，无偿使用。

定向捐赠的款物，应当按照捐赠人的意愿使用。政府部门接受的捐赠人无指定意向的款物，由县级以上人民政府民政部门统筹安排用于自然灾害救助；社会组织接受的捐赠人无指定意向的款物，由社会组织按照有关规定用于自然灾害救助。

第二十五条　自然灾害救助款物应当用于受灾人员的紧急转移安置，基本生活救助，医疗救助，教育、医疗等公共服务设施和住房的恢复重建，自然灾害救助物资的采购、储存和运输，以及因灾遇难人员亲属的抚慰等项支出。

CHAPTER

3

第三章

教育与就业帮扶

21 哪些人可以申请教育救助？ 教育救助有哪些内容？

疑惑

欢欢是某村的村民，母亲很早就去世了，欢欢跟父亲和爷爷奶奶一起生活。由于父亲收入低，欢欢家一直享受低保待遇。眼看着就到了上小学的年纪，欢欢的奶奶开始担心自己家能不能供得起孩子上学。虽说小学是义务教育可以免学费，但是到了中学、大学怎么办呢，于是跟村主任讨论起这个事情。村主任安慰欢欢奶奶，孩子的教育是首要的，国家会对孩子进行教育救助。请问，哪些人可以申请教育救助？教育救助有哪些内容？

解析

教育救助，是指国家或社会团体、个人为保障适龄群体获得接受教育的机会，在不同阶段向贫困地区和贫困学生提供物质和资金援助的制度。其特点是通过减免、资助等方式帮助贫困人口完成相关阶段的学业，以提高其文化技能，最终解决他们的生计问题。根据《社会救助暂行办法》第33条的规定，最低生活保障家庭成员、特困供养人员以及不能入学接受义务教育的残疾儿童等可以申请教育救助。除此之外,一些符合条件的烈士子女也可以申请教育救助。案例中欢欢家是低保家庭,欢欢可以申请教育救助。

那么,教育救助有哪些内容呢?根据《社会救助暂行办法》第34条的规定,教育救助根据不同教育阶段需求,采取减免相关费用、发放助学金、给予生活补助、安排勤工助学等方式实施,保障教育救助对象基本学习、生活需求。也就是说,根据不同的教育阶段,国家会有不同的救助措施,比如,对于符合义务教育阶段的救助对象,会减免学杂费,对其中特困家庭学生免费提供教科书;对于高中教育阶段的救助对象,会进行一定的资助,对特殊困难的学生可适当补助生活费;对于就读普通本科高校、高等职业学校和中等职业学校等阶段的学生,会有国家奖学金、国家励志奖学金、国家助学金、国家助学贷款、师范生免费教育、勤工助学、学费减免等多种形式的资助政策。所以欢欢也不用担心,只要好好学习,在每个阶段,都可以享受相应的教育救助政策,顺利完成学业。

政策法律依据

《社会救助暂行办法》

第三十三条 国家对在义务教育阶段就学的最低生活保障家庭成员、特困供养人员,给予教育救助。

对在高中教育(含中等职业教育)、普通高等教育阶段就学的最低生活保障家庭成员、特困供养人员,以及不能入学接受义务教育的残疾儿童，根据实际情况给予适当教育救助。

第三十四条　教育救助根据不同教育阶段需求，采取减免相关费用、发放助学金、给予生活补助、安排勤工助学等方式实施，保障教育救助对象基本学习、生活需求。

22 农村的残疾儿童可以享受哪些教育帮扶政策？

疑惑

小乐是个生长在农村的孩子，自小身体残疾，每天坐在自家院子里看到别的孩子打打闹闹，心里很是羡慕。转眼间小乐 8 岁了，但是父母一直没让小乐上学。小乐看着别的孩子背着书包去上学，也很想读书，可是小乐的爷爷却说，这样的身体不能上学，在家爷爷也可以教乐乐学写字。可是乐乐渴望学校，渴望和其他人一样正常读书。无奈之下，爷爷找到村里，询问像乐乐这样的残疾孩子能否上学，有没有什么政策。请问，农村的残疾儿童可以享受哪些教育帮扶政策？

解析

农村的残疾儿童和其他正常孩子一样，享有平等接受教育的权利。所以,案例中小乐爷爷认为小乐“这样的身体不能上学”的观念是错误的。但是残疾儿童较其他孩子来说像其他人一样的接受教育会存在各种不同的困难,所以我们国家为了保障残疾儿童受教育的权利,出台了一些教育帮扶政策。根据我国《残疾人保障法》第21条的规定,政府、社会、学校应当采取有效措施,解决残疾儿童、少年就学存在的实际困难,帮助其完成义务教育。各级人民政府对接受义务教育的残疾学生、贫困残疾人家庭的学生提供免费教科书,并给予寄宿生活费等费用补助;对接受义务教育以外其他教育的残疾学生、贫困残疾人家庭的学生按照国家有关规定给予资助。

除此之外,我们国家对残疾儿童的教育方面,还要求教育机构根据孩子的身心特性和需要,在进行思想教育、文化教育的同时,加强身心补偿,并且要根据孩子的残疾程度,采用适合孩子的教育方式等。这都是我们国家对于残疾儿童的特殊照顾和教育帮扶政策,小乐和其家人都不用担心,应当及时送小乐到学校接受教育。教育是社会的一项基础性事业,只有让全社会实现教育均等的机会,才能使农村的残疾孩子以及其他的社会弱势群体改变自身的生存状况,促进社会的公平。

政策法律依据

《中华人民共和国残疾人保障法》

第二十一条 国家保障残疾人享有平等接受教育的权利。

各级人民政府应当将残疾人教育作为国家教育事业的组成部

分，统一规划，加强领导，为残疾人接受教育创造条件。

政府、社会、学校应当采取有效措施，解决残疾儿童、少年就学存在的实际困难，帮助其完成义务教育。

各级人民政府对接受义务教育的残疾学生、贫困残疾人家庭的学生提供免费教科书，并给予寄宿生活费等费用补助；对接受义务教育以外其他教育的残疾学生、贫困残疾人家庭的学生按照国家有关规定给予资助。

23 村里残疾人的扶养人应该是哪些人？他们可以扔下残疾人不管不顾吗？

疑惑

韩某和刘某是某村村民，二人育有一子，今年刚11岁。由于结婚后生活一直过得很清贫，妻子刘某经常因韩某收入少而跟其吵架，二人矛盾不断。某日，韩某在外出打工时不幸受伤，之后就成了一名残疾人，再也无法正常出去工作。刘某认为是韩某拖累了自己，于是将韩某送到了韩某的父母家，称公婆自己生的孩子应该自己养，自己不再管了。但是没过多久，韩某母亲去世，父亲因病也无法再照顾韩某，韩某不知道该怎么办。请问，村里残疾人的扶养人应该是哪些人？他们可以扔下残疾人不管不顾吗？

解析

在我国，残疾人的扶养人需要根据残疾人的年龄、智力、婚姻、子女状况等来确定。

如果残疾人是未成年人，那么抚养人应当是父母，这里父母对子女必须履行法定的抚养义务；如果残疾人是成年人并且已婚的，扶养人应当是配偶，夫妻间应当尽到相互扶养义务；如果残疾人有成年子女，扶养人应当是配偶和成年的子女，这里子女尽到的是法定的赡养义务；如果残疾人是未婚且无子女的成年人，扶养人应该是父母、近亲属（祖父母、外祖父母、孙子女、外孙子女、兄、姐等）。

案例中，韩某和刘某系夫妻关系，韩某因伤残疾生活无法自理的，其扶养人应该是自己的妻子刘某。当然，生活中，还有一些不能养活自己的残疾人，他们如果没有扶养人或者其扶养人也没有能力扶养的，根据《残疾人保障法》第49条的规定，由各地政府予以供养。

那么，案例中刘某对韩某不管不顾可以吗？答案必然是否定的。根据《残疾人保障法》第9条的规定，残疾人的扶养人必须对残疾人履行扶养义务。刘某作为韩某的扶养人，不管是作为妻子，还是作为残疾人的扶养人，都应该履行自己的义务，不得对韩某不管不顾。残疾人作为社会中的一个弱势群体，更需要家人的关爱和社会的照顾，作为家人不能因为其残疾而嫌弃，而是要多鼓励和帮助他们，让他们更加乐观地对待生活，自强自立。

政策法律依据

《中华人民共和国残疾人保障法》

第九条　残疾人的扶养人必须对残疾人履行扶养义务。

残疾人的监护人必须履行监护职责，尊重被监护人的意愿，维护被监护人的合法权益。

残疾人的亲属、监护人应当鼓励和帮助残疾人增强自立能力。

禁止对残疾人实施家庭暴力，禁止虐待、遗弃残疾人。

第四十九条　地方各级人民政府对无劳动能力、无扶养人或者扶养人不具有扶养能力、无生活来源的残疾人，按照规定予以供养。

国家鼓励和扶持社会力量举办残疾人供养、托养机构。

残疾人供养、托养机构及其工作人员不得侮辱、虐待、遗弃残疾人。

24 乡镇企业雇佣残疾人的，可以享受哪些优惠政策？

疑惑

万某大学毕业后返乡创业，现在村里已经开办了两家乡镇企业。

某日，万某看到听障人士人赵婶在用缝纫机做衣服，做出来的衣服像模像样。看到这一幕，正打算在村里开一个服装加工厂的万某心里有了想法，既然这些有手艺的残疾人不能外出打工，那么可以让他们都来自己的工厂，这样就可以解决他们的就业问题。于是，万某开始着手准备新厂工人招聘，村委会得知万某要雇佣一些残疾人，十分支持，还表示会配合万某的工厂招聘残疾人和办理优惠政策。请问，乡镇企业雇佣残疾人的，可以享受哪些优惠政策？

解析

为了保障残疾人的劳动权利，我们国家一直在积极努力地为残疾人创造劳动条件和环境，鼓励残疾人自主择业、自主创业，也鼓励用人单位招收残疾人就业。对此，国家还出台了一些优惠政策，根据《残疾人保障法》第36条的规定，国家对安排残疾人就业达到、超过规定比例或者集中安排残疾人就业的用人单位和从事个体经营的残疾人，依法给予税收优惠，并在生产、经营、技术、资金、物资、场地等方面给予扶持。具体来说，乡镇企业雇佣残疾人达到一定比例的，可以获得国家各方面的奖励和扶持，同时在企业缴纳增值税、营业税、企业所得税等方面也会享受税收优惠政策。

残疾人劳动者是一个特殊的就业群体，关心关爱残疾人，保障他们的就业权利，是我们全社会共同的责任。乡镇企业在助力乡村振兴的同时，应该吸收更多的残疾人劳动者，让他们更好地发挥自己的作用，实现人生美好价值，对社会作出一份贡献。

政策法律依据

《中华人民共和国残疾人保障法》

第三十六条　国家对安排残疾人就业达到、超过规定比例或者集中安排残疾人就业的用人单位和从事个体经营的残疾人，依法给予税收优惠，并在生产、经营、技术、资金、物资、场地等方面给予扶持。国家对从事个体经营的残疾人，免除行政事业性收费。

县级以上地方人民政府及其有关部门应当确定适合残疾人生产、经营的产品、项目，优先安排残疾人福利性单位生产或者经营，并根据残疾人福利性单位的生产特点确定某些产品由其专产。

政府采购，在同等条件下应当优先购买残疾人福利性单位的产品或者服务。

地方各级人民政府应当开发适合残疾人就业的公益性岗位。

对申请从事个体经营的残疾人，有关部门应当优先核发营业执照。

对从事各类生产劳动的农村残疾人，有关部门应当在生产服务、技术指导、农用物资供应、农副产品购销和信贷等方面，给予帮助。

25 用代金券发工资，合法吗？

疑惑

张某进城务工多年，是某商场保洁人员，由于对工作尽心尽力，吃苦耐劳，多次被商场评为“劳动模范”，张某对保洁工作也是干劲儿十足，没有一丝懈怠。然而，随着电商行业的迅猛发展，网络购物成为大众消费的主要渠道，商场生意惨淡。为了压缩人力成本，商场决定裁员，张某因为合同到期被通知不再续约，未结算的工资将以商场代金券的形式发放。张某得知这个消息后难以接受，商场卖的东西都是高端产品，代金券不能冲抵售价，自己根本没有能力消费，遂要求商场支付工资。请问，商场这么做合法吗？

解析

工资是劳动者为用人单位提供劳动后应当获得的劳动报酬，根据《保障农民工工资支付条例》第11条的规定可知，工资应当以货币形式按时足额支付，不得以实物或者有价证券等其他形式替代。

本案中，张某被告知合同期内未结算的工资以代金券的形式发放，商场是试图以代金券冲抵工资，这种做法是违法的，张某有权要求商场支付人民币结算工资。如果商场一意孤行,张某可以向社保机构反映情况,维护自身的正当权益。

根据《保障农民工工资支付条例》第54条的规定,人力资源社会保障行政部门会依法责令商场限期改正,支付张某工资;逾期不改的,将会根据情节严重程度对商场处以罚款。张某面对这种情况,一定要学会拿起法律武器维权。

政策法律依据

《保障农民工工资支付条例》

第十一条 农民工工资应当以货币形式,通过银行转账或者现金支付给农民工本人,不得以实物或者有价证券等其他形式替代。

第五十四条 有下列情形之一的,由人力资源社会保障行政部门责令限期改正;逾期不改正的,对单位处2万元以上5万元以下的罚款,对法定代表人或者主要负责人、直接负责的主管人员和其他直接责任人员处1万元以上3万元以下的罚款:

(一)以实物、有价证券等形式代替货币支付农民工工资;

(二)未编制工资支付台账并依法保存,或者未向农民工提供工资清单;

(三)扣押或者变相扣押用于支付农民工工资的银行账户所绑定的农民工本人社会保障卡或者银行卡。

26 被派遣介绍的农民工的工资被拖欠了，谁来负责？

疑惑

高老汉常年在家务农，家庭收入微薄。听同村进城务工的村民说，在建筑工地打工月收入上万元，管吃管住还给上保险，高老汉跟家里人商量后，也想到建筑队打工。经同乡介绍，高老汉认识了张某，二人签订了一份劳务派遣合同后，张某就带他到建筑工地干活。3个月后，因开发商资金短缺，工程停工，高老汉一次工资都没有领到过。高老汉心乱如麻，不知所措，他向张某索要工资，张某说自己只负责往建筑工地介绍务工人员，工资一直都是建筑队跟工人对接的，自己从来不参与。请问，被派遣介绍的农民工的工资被拖欠了，谁来负责？

解析

工资是劳动者付出劳动的价值体现，索要劳动报酬是劳动者的正当权利。一般情况下，劳动者直接向用人单位付出劳动，用人单位再向劳动者支付工资报酬。而针对劳务派遣形式的用工，劳动者与劳务派遣单位签订派遣合同,由劳务派遣单位将劳动者派遣到实际用工单位,这时劳动者与劳务派遣单位之间形成的是劳动关系,根据《劳动合同法》的规定,应当由其支付工资,但实践中由于存在第三方用工单位,劳动者的工资报酬常面临支付难的问题。针对这一问题,《保障农民工工资支付条例》第18条明确规定,用工单位使用个人、不具备合法经营资格的单位或者未依法取得劳务派遣许可证的单位派遣的农民工,拖欠农民工工资的,由用工单位清偿,并可以依法进行追偿。

本案中,高老汉所在的建筑工地因开发商资金短缺导致无法支付工人工资,他找到了张某索要,如果张某仅为个人推荐,或者张某的单位并不是合格的派遣单位,那么对于拖欠高老汉工资的情形,适用《保障农民工工资支付条例》第18条的规定。也就是说,高老汉的工资应该由用工单位即建筑队来支付。

政策法律依据

《保障农民工工资支付条例》

第十八条　用工单位使用个人、不具备合法经营资格的单位或者未依法取得劳务派遣许可证的单位派遣的农民工,拖欠农民工工资的,由用工单位清偿,并可以依法进行追偿。

27 挂靠的公司拖欠农民工工资，被挂靠的公司要负责任吗？

疑惑

刘某是一位资深的隧道建设工程师，后成立了一家以隧道建设为主营业务的工程公司，经过几轮融资，刘某的公司成为行业的龙头企业，发展势头迅猛。刘某的弟弟想利用刘某公司的资质等资源干事业，打着哥哥公司的旗号招揽了很多项目。但是，由于没有专业技术人员，在某隧道测量时出现失误，开挖时发生了严重事故，损失惨重，连农民工们的工资都无法支付。大家认为，刘某是行业巨头，很多项目都是凭借刘某的关系才取得的，刘某应该支付弟弟拖欠的工人工资。刘某觉得弟弟的项目跟公司没关系，拒绝支付工资。请问，挂靠的公司拖欠农民工工资，被挂靠的公司要承担责任吗？

解析

挂靠公司是单位或个人利用其他具有独立法人资格的单位的名义或资质，以挂靠方的名义从事生产经营活动。公司挂靠存在一定的风险，由于挂靠人是利用被挂靠人的企业信誉、信用或者资质才取得的签约机会，一旦挂靠人违约或者违法，被挂靠人将承担共同被起诉、被追责的风险。

本案中，刘某的弟弟利用哥哥公司的资质等资源招揽项目，弟弟的行为属于挂靠，刘某公司属于被挂靠单位；而且刘某对于弟弟打着公司旗号承接项目的行为没有制止，而是持默许的态度，根据《保障农民工工资支付条例》第 19 条的规定，因刘某弟弟的项目事故导致拖欠农民工工资的，应该由刘某公司清偿，所以刘某应按照合同规定支付农民工工资。但是，亲兄弟明算账，刘某支付拖欠的农民工工资后，可以依法向弟弟追偿。

政策法律依据

《保障农民工工资支付条例》

第十九条 用人单位将工作任务发包给个人或者不具备合法经营资格的单位，导致拖欠所招用农民工工资的，依照有关法律规定执行。

用人单位允许个人、不具备合法经营资格或者未取得相应资质的单位以用人单位的名义对外经营，导致拖欠所招用农民工工资的，由用人单位清偿，并可以依法进行追偿。

28 如何从根本上保障“农民建筑工”的工资？

疑惑

老张进城务工多年，一直在工地盖房子，由于建筑队包吃包住，日常开销少，老张一般等到项目验收结束后一次性支取工资。去年8月，因父亲生病，老张想支取上半年工资，被告知建设单位因资金紧张，没按合同的约定拨付工程款，所以只能领取5个月工资。老张焦急万分，父亲的治疗费用全指望他，无奈之下，老张申请了法律援助，咨询如何讨要工资。请问，对于从事建筑工作的农民工的工资，如何从根本上给予保障？

解析

按时足额领取工资是农民工的正当权利，任何单位都不能克扣或拖延工资发放，法律通过设置工资保障机制维护农民工的合法权益。本案中，老张为给父亲治病提出支取已经付出劳动的工资，这是老张的合理诉求，建筑队应当及时足额发放。根据《保障农民工工资支付条例》第24条、第29条的规定，被告知因建设单位没有及时拨付工程款而不能足额支付农民工工资的理由是不成立的，建设单位在建设前应当向施工单位提供工程款支付担保，订立施工合同，约定工程款进度结算办法以及人工费用拨付周期，将人工费用及时足额拨付至农民工工资专用账户，以保证农民工工资按时足额发放。根据法律规定，建设单位人工费用拨付周期不得超过1个月，老张8月支取前6个月的工资理应足额支付。

因建设单位未按照合同约定及时拨付工程款导致农民工工资拖欠的，建设单位应当以未结清的工程款为限先行垫付农民工工资，以确保农民工工资不被拖欠。本案中，老张的情况符合《保障农民工工资支付条例》第57条的规定，他可以向人社等部门反映情况，用工单位将会被责令整改；整改不到位的，还将面临停工、罚款等处罚。

政策法律依据

《保障农民工工资支付条例》第24条、第29条、第57条

29 工程被分包或转包后拖欠农民工工资的，应该先由谁来负责？

疑惑

A 公司中标一栋写字楼整体装修工程，由于时间紧、任务重，为保证在合同期限内保质保量完工，A 公司经严格的资历审查将水电改造项目按正常流程分包给了 B 公司。B 公司选派了十人施工队进场工作，经过 3 个月的紧张施工，B 公司如期通过项目验收。某天，这十人施工队突然大闹写字楼，要求 A 公司支付工资。经了解，A 公司已按照合同约定足额支付了工程款，是由于 B 公司将工程款挪作他用导致施工队工资无法发放，施工队无奈之下才向 A 公司讨要。那么，工程被分包或转包后拖欠农民工工资的，应该先由谁来负责？

解析

本案中，A 公司是写字楼装修的施工总承包单位，B 公司是承担水电改造项目的分包单位。A 公司按施工合同约定拨付了工程款，但由于 B 公司挪用工程款导致拖欠农民工工资，表面上看 A 公司已经按照合同履行了自己的付款义务，与施工队之间并无任何纠纷，但是，根据

《保障农民工工资支付条例》第30条的规定，分包单位或者工程建设项目转包，拖欠农民工工资的，由施工总承包单位先行清偿，再依法进行追偿。B公司作为分包单位拖欠农民工工资的，应由施工总承包单位A公司先行清偿，因此，施工队向A公司讨要工资是合理的，A公司应该按照B公司与农民工签订的劳动合同内容足额支付工资；拖欠工资垫付后，A公司可以向B公司追偿垫付施工队的工资。

当然，根据《保障农民工工资支付条例》第30条第2款的规定，A公司作为总承包单位对B公司的用工和工资发放负有过程监督的责任，如果施工期间发现B公司存在拖欠工人工资的现象，应及时解决问题，可以避免出现集体讨薪导致的恶劣影响，也可以避免A公司先垫资后追偿的风险。

政策法律依据

《保障农民工工资支付条例》

第三十条 分包单位对所招用农民工的实名制管理和工资支付负直接责任。

施工总承包单位对分包单位劳动用工和工资发放等情况进行监督。

分包单位拖欠农民工工资的，由施工总承包单位先行清偿，再依法进行追偿。

工程建设项目转包，拖欠农民工工资的，由施工总承包单位先行清偿，再依法进行追偿。

30 工地上的维权信息告示牌应该标明哪些事项？

疑惑

王老汉在某建筑工地做水泥工，因混凝土搅拌机漏电导致被电击受伤。项目经理李某以王老汉工作失职导致安全事故为由拒绝支付医疗费用。王老汉认为，自己在工地受伤属于工伤，但正面冲突解决不了问题，要通过法律援助维护自身权益。他想到了工地门口立着的“维权信息告示牌”，上边清楚地写着建设单位、施工总承包单位等基本信息，有关工资的信息，但没看到法律援助申请渠道等维权方式。王老汉认为这个告知牌形同虚设，没有起到保护农民工的作用。请问，工地上的维权信息告示牌应该标明哪些事项？

解析

维权信息告示牌是为了保护农民工合法权益的举措，是为了让农民工安心又“安薪”，这一方式既给农民工吃了定心丸，又能有效保证工程进度，是一箭双雕的好事儿。本案中，因工伤得不到治疗的王老汉想通过法律援助维权，但在维权信息告示牌上并没有找到维权渠道。

《保障农民工工资支付条例》第 34 条明确规定了维权信息告示牌应当标明的事项,如相关行业工程建设主管部门和劳动保障监察投诉举报电话、劳动争议调解仲裁申请渠道、法律援助申请渠道、公共法律服务热线等信息是必须写在告示牌上的,农民工可以据此了解向谁投诉和怎样投诉,以保证合法权益得到保护。

本案中,王老汉发现告知牌上没有写明维权信息,可以向人力资源社会保障行政部门、相关行业工程建设主管部门反映情况,相关职责部门会按照《保障农民工工资支付条例》第 56 条的规定责令工地整改,整改不到位的,还将予以罚款。

政策法律依据

《保障农民工工资支付条例》第 34 条、第 56 条

CHAPTER

4

第四章

对三留守人员的关爱和保护

31 外出打工的父母应如何给留守在家的孩子选择“照护人”？

疑惑

小倩的爸爸妈妈为了改善家庭生活条件，决定进城做快递员，为了不耽误小倩课程进度，只能等他们把工作、居住地、学校安排妥当以后才能接她到城里一起生活。而小倩不想住校，想去姨妈家住，姨妈也非常喜欢乖巧的小倩。但是考虑到姨夫偶尔会因酗酒情绪失控，这点让小倩爸爸妈妈有点犹豫。本案中，外出打工的父母应如何给留守在家的孩子选择“照护人”？

解析

我国《未成年人保护法》第22条规定，父母外出务工不能在家照看孩子的，应当委托有照护能力的完全民事行为能力人代为照护。但是，不是所有人都可以成为被委托的照护人。父母在选择照护人的时候，应当听取有表达意愿能力的孩子的意见，要考虑拟选定的照护人的道德品质、家庭状况、身心健康状况、与未成年人生活情感上的联系等情况。同时，有下列情形的，也不能作为照护人：(1)曾实施性侵害、虐待、遗弃、拐卖、暴力伤害等违法犯罪行为；(2)有吸毒、酗酒、赌博等恶习；(3)曾拒不履行或者长期怠于履行监护、照护职责；(4)其他不适宜担任被委托人的情形。

具体到本案中，小倩主动提出想去姨妈家住，表达出了她的个人意愿；但是姨夫酗酒不利于小倩身心健康成长，按照法律规定不能作为被委托人。父母为留守孩子选择照护人一定要综合考虑，为孩子提供一个安全的成长环境。

政策法律依据

《中华人民共和国未成年人保护法》第22条

32 孩子父母意外身亡，谁来担任孩子的监护人？顺序是怎样的？

疑惑

彤彤是家中独生女，正在读小学四年级，平常跟父母一起在城里生活。一天，彤彤正常到学校上学，彤彤的父母自行驾车去看望彤彤的姥姥姥爷。在驾车从老家回来的高速路上，突然遇到团雾导致多车追尾,彤彤的父母不幸当场身亡。彤彤父母的离世给整个家庭带来了无尽的悲伤,后事处理完毕,一家人开始讨论彤彤由谁监护的问题。请问,孩子父母意外身亡,谁来担任孩子的监护人?顺序是怎样的?

解析

监护人,是指对无民事行为能力和限制民事行为能力人的人身、财产和其他合法权益负有监督和保护责任的人。通常而言,父母是每个孩子的法定监护人,也是每个孩子最亲的家人,其对于孩子的重要性不言而喻。但是天有不测风云,如果父母离世,孩子的监护人应该由谁来承担呢?

根据我国的监护制度,监护人必须具有完全行为能力,并依法律规定产生。为了保护无民事行为能力人与限制民事行为能力人的合法权益,我国法律规定,父母是孩子的第一监护人。对于父母死亡的情况,《民法典》第 27 条第 2 款规定,如果父母意外身亡,由下列有监护能力的人按顺序担任监护人:(1)祖父母、外祖父母;(2)兄、姐;(3)其他愿意担任监护人的个人或者组织,但是须经未成年人住所地的居民委员会、村民委员会或者民政部门同意。

也就是说,彤彤父母去世以后,按照法定顺序,彤彤的祖父母、外祖父母会成为彤彤的监护人;如果彤彤的祖父母、外祖父母没有监护能力,就会由彤彤的兄、姐担任监护人;但是像彤彤这样的独生子女家庭,没有兄、姐,或者兄、姐也没有监护能力的,就会由其他愿意担任监护人的个人或者组织来担任监护人，如彤彤的叔叔、姑姑，或者彤彤父母的朋友。当然，为了保护未成年人的合法权益，这一类监护人须经未成年人住所地的居民委员会、村民委员会或者民政部门同意。不管谁担任监护人，都要依法履行监护职责，保护孩子的权益不受侵犯。

政策法律依据

《中华人民共和国民法典》第27条

33 留守儿童遭遇校园欺凌的，哪些人有义务为其提供帮助？

疑惑

小超今年读小学六年级，是一名留守儿童，平时跟爷爷奶奶一起在农村生活，父母常年在外打工。由于小超从小缺少父母的关爱，导致性格比较孤僻，也比较自卑。在学校，小超经常挨同学欺负，却又不敢反抗。某日，小超的同学让小超帮忙背书包回家，小超不小心将书包落在了地上，同学们又围住了小超准备对其“大显身手”，这时学校老师及时出来制止,小超才幸免于这次欺凌。请问,留守儿童遭遇校园欺凌的,哪些人有义务为其提供帮助?

解析

留守儿童是我们国家在城镇化过程中衍生出的一个新群体,他们通常被父母留守老家,跟随年龄比较大的爷爷奶奶、姥姥姥爷一起生活。由于缺少家庭的关爱,很多留守儿童都存在心理问题,性格孤僻、自卑,很容易成为校园欺凌和暴力的对象。关注留守儿童校园欺凌问题,为这些孩子提供帮助,国家也一直在行动。根据《未成年人保护法》第 10 条的规定,共产主义青年团、妇女联合会、工会、残疾人联合会、关心下一代工作委员会、青年联合会、学生联合会、少年先锋队,以及其他人民团体、有关社会组织,应当协助各级人民政府及其有关部门、人民检察院、人民法院做好未成年人保护工作,维护未成年人合法权益。也就是说,上述这些部门和机构、团体等都有义务为遭受校园欺凌的留守儿童提供帮助。

除此之外,根据《未成年人保护法》第 11 条的规定,任何组织或者个人发现不利于未成年人身心健康或者侵犯未成年人合法权益的情形,都有权劝阻、制止或者向公安、民政、教育等有关部门提出检举、控告。遭受校园欺凌,对于孩子来说不仅是身体上的伤害,更重要和不可逆的往往是心灵上的伤害。甚至会让孩子的世界观、人生观、价值观发生扭曲,更是有许多“受害者”因为没有正确的引导而变成“施暴者”。所以,对这些孩子进行及时有效的帮助,不仅是父母和家人的义务，任何组织或者个人发现这样的行为，都应该义不容辞地站出来进行劝阻或及时报告给国家有关部门。

案例中，小超老师发现小超受欺凌后及时进行制止的做法是可取的，事后，老师还可以为小超做心理疏导，告知其通过合法途径维护自己的权益，也可以及时向学校、村委会报告这一校园欺凌现象。

政策法律依据

《中华人民共和国未成年人保护法》第10条、第11条

34 在外打工的父母应如何把握孩子的学习和生活？

疑惑

笑笑是一名四年级的小学生，父母常年在外打工，笑笑平时跟姥姥一起生活。去年，笑笑的姥姥因病去世，笑笑的父母便将笑笑委托给舅舅照顾。舅舅平时待笑笑很好，但是由于舅舅和舅妈工作比较忙，经常无暇顾及笑笑的学习。最近，笑笑的成绩直线下降，笑笑的班主任找到笑笑谈话，让其父母多和舅舅联系，一起沟通笑笑的学习问题，在外打工也不能对孩子不管不顾，还称这是法律规定的。请问，在外打工的父母应如何把握孩子的学习和生活呢？

解析

许多在外打工的父母会将孩子委托给自己的亲朋好友帮忙照顾，这些家长往往只关心孩子是否能吃饱穿暖，却忽视了孩子的学习教育。其实，长期与孩子异地生活的父母更应该积极关注孩子的生活和学习，对此我国法律也有明确的规定。根据《家庭教育促进法》第21条的规定，未成年人的父母或者其他监护人依法委托他人代为照护未成年人的，应当与被委托人、未成年人保持联系，定期了解未成年人学习、生活情况和心理状况，与被委托人共同履行家庭教育责任。所以，父母将孩子委托给他人帮忙照顾，并不能只在经济上给予支持，更应该和受委托人一起，关注孩子的生活、学习，同监管人一起教育孩子，关爱孩子。

《未成年人保护法》第23条也规定，未成年人的父母要加强和未成年人所在学校、幼儿园的沟通；与未成年人、被委托人至少每周联系和交流一次，了解未成年人的生活、学习、心理等情况，并给予未成年人亲情关爱。也就是说，在外打工的父母要正确把握孩子的学习和生活，多和监管人沟通孩子的生活，多和学校联系关注孩子的学习，也要多和孩子进行交流，关注孩子的思想动态，陪伴孩子的健康成长。

政策法律依据

《中华人民共和国家庭教育促进法》第21条

《中华人民共和国未成年人保护法》第23条

35 留守的孩子旷课、偷盗属于法律意义上的“不良行为”或“严重不良行为”吗？ 家长应该如何做？

疑惑

小杰是一名留守儿童，小杰的父母结婚后就一起去外地打工了，小杰也是父母在外地生下后没多久就被交给了老家的爷爷奶奶照顾。小杰从小缺少父爱和母爱，长大后也越来越叛逆。转眼间，小杰开始读初中，由于课程紧、任务重，小杰竟直接选择旷课。旷课无聊就开始去网吧打游戏，零花钱用完了，小杰开始心生偷盗的念想。小杰知道表嫂有一个金戒指，就到表嫂家想将其偷出来却刚好被表哥发现并制止，表哥将此事告知了小杰的父母并让父母帮助小杰杜绝一切不良行为。请问，留守的孩子旷课、偷盗属于法律意义上的“不良行为”或“严重不良行为”吗？家长应该如何做？

解析

根据我国《预防未成年人犯罪法》第28条的规定，未成年人旷课、夜不归宿、沉迷网络等属于不良行为。小杰旷课的行为就属于不良行为，父母应该及时教育，督促其返校学习。而对于小杰的偷盗行为就已经涉嫌严重不良行为。根据《预防未成年人犯罪法》第31条、第33条、第38条的规定，偷窃少量财物，情节轻微的，属于不良行为，而如果盗窃公私财物，情节严重的，则属于严重不良行为。小杰虽然这次盗窃没有成功，但是如果小杰心中已经有了盗窃的念头，就已经徘徊在了犯罪的边缘。

针对严重不良行为，《预防未成年人犯罪法》第41条、第42条明确规定，对未成年人实施严重不良行为的，公安机关应当采取训诫、赔礼道歉、定期报告活动、心理辅导、行为矫治等措施进行矫治教育，未成年人的父母或者其他监护人应当积极配合矫治教育措施的实施，不得妨碍阻挠或者放任不管。所以，小杰的父母应该在小杰还没有走向犯罪之前，及时纠正其错误观念并采取有效的方式对孩子进行教育和疏导，还要及时和学校沟通，提高小杰对犯罪的警惕性，加强和学校的沟通配合，避免孩子走向不归路。

政策法律依据

《中华人民共和国预防未成年人犯罪法》第28条、第31条、第33条、第34条、第38条、第41条、第42条

36 丈夫在外打工赚的钱，是夫妻共同财产吗？

疑惑

梁某出生在大山深处，成年后结婚成家并生育了一儿一女。眼看家里开销越来越大，梁某在村子里的收入无法养活一家老小，于是梁某和同村的村民外出打工。梁某的妻子平日在家照顾一家老小，靠丈夫打工挣的钱维持生活。由于生活拮据，梁某妻子一直精打细算地过日子。今年春节前，梁某带着一年的工资回家过年，妻子表示想给自己买个金首饰，毕竟这么多年很少给自己花钱，都是紧着孩子。但梁某表示，这是自己挣的钱，跟妻子无关。请问，丈夫在外打工赚的钱，是夫妻共同财产吗？

解析

在农村地区，很多家庭都是丈夫外出打工，妻子一人在家照顾家庭。丈夫在外赚的钱养活了一家人，这时候妻子花丈夫的钱经常没有底气，感觉在花“别人”的钱。而很多丈夫也认为是自己在养着妻子，妻子花的每一分钱都是自己的。其实这种观点是错误的，丈夫外出打工挣的钱，并非个人财产。根据《民法典》第 1062 条的规定，夫妻在婚姻关系存续期间所得的工资、奖金、劳务报酬为夫妻的共同财产，归夫妻共同所有。也就是说，丈夫外出挣的钱属于夫妻共同财产，夫妻二人对共同财产，享有平等的处理权。

所以，妻子花丈夫挣的钱完全有法律依据，男方负责外出工作赚钱养家，女方负责家务、孩子抚养教育，这对于一个家庭来说只是分工不同，丈夫在外打工的收入属于夫妻二人，只要是合理范围内，妻子均有权处理丈夫打工赚的钱。

政策法律依据

《中华人民共和国民法典》

第一千零六十二条　夫妻在婚姻关系存续期间所得的下列财产，为夫妻的共同财产，归夫妻共同所有：

（一）工资、奖金、劳务报酬；

（二）生产、经营、投资的收益；

（三）知识产权的收益；

（四）继承或者受赠的财产，但是本法第一千零六十三条第三项规定的除外；

（五）其他应当归共同所有的财产。

夫妻对共同财产，有平等的处理权。

37 留守妇女在家种地又照顾家，在离婚时，可以多分家产吗？

疑惑

张某和李某经人介绍后登记结婚，婚后张某外出打工，李某则留在家中照顾孩子老人、下地干活。张某外出打工几年后，越来越看不上自己家中的妻子，近几年很少回家。而李某整日里种地照顾家庭，作为地地道道的农村妇女，与张某的共同话题也越来越少。终于，张某向李某提出了离婚，此时的李某已经40岁，嫁给张某20年，没想到会走到今天。但是张某态度坚决，婚姻毫无挽回的可能。无奈之下，李某同意离婚，但是称自己近20年尽心尽力照顾这个家，付出了太多，想多分些家产。请问，留守妇女在家种地又照顾家，在离婚时，可以多分家产吗？

解析

依据我国法律的规定,属于夫妻共同财产的,离婚时由夫妻双方共同分割。一般而言,夫妻双方离婚时,夫妻共同财产是共同分割的,但《民法典》第 1088 条明确规定,夫妻一方因抚育子女、照料老年人、协助另一方工作等负担较多义务的,离婚时有权向另一方请求补偿,另一方应当给予补偿。案例中的李某作为留守妇女,丈夫长期在外,家里所有的事务都落在了李某一个人身上,对于李某这样对家庭付出较多的人,在离婚时可以要求男方给予一定的补偿,也就是我们俗话说的多分一些家产。

男女双方组成家庭后,双方都有义务抚育子女,承担家庭事务,包括创造收入、负担家务劳动,抚养、教育子女,赡养、照顾老人等。现在社会中有很多全职家庭主妇,一人担负起了抚育子女、照顾老人等所有的家庭事务,对于这样的妇女,在离婚时,法律会给予一定的照顾,可以请求男方给予一定的物质补偿。

政策法律依据

《中华人民共和国民法典》

第一千零八十八条　夫妻一方因抚育子女、照料老年人、协助另一方工作等负担较多义务的,离婚时有权向另一方请求补偿,另一方应当给予补偿。具体办法由双方协议;协议不成的,由人民法院判决。

38 留守妇女离婚时面临生活困难，有权要求丈夫怎么做？

疑惑

闫庄村的闫某和妻子方某婚后育有两个女儿，方某常年在家照顾女儿，闫某则一直在外地务工。刚结婚时，方某偶尔去隔壁村里做点手工活挣点钱，近些年身体不好，就一直在家专心照顾孩子。方某觉得二人长期分居会影响感情，多次提出要和闫某一同外出打工，但是考虑到孩子上学和方某的身体，闫某一直没有同意。但是，时间一长，二人之间的感情确实越来越淡，再加上方某与婆婆之间的关系不太好，夫妻矛盾越来越不可调和，于是二人决定离婚。但是方某因为身体原因无法正常工作，又与社会脱节多年，离婚后面临着各种困难。请问，留守妇女离婚时面临生活困难，有权要求丈夫怎么做？

解析

作为家庭主妇的留守妇女在一段婚姻中往往处于弱势，由于长期居家没有经济来源，与社会脱节多年，一旦离婚，将面临生活无着等各种困难。国家为了保障这些妇女的合法权益,在《民法典》第1090条中规定,离婚时,如果一方生活困难,有负担能力的另一方应当给予适当帮助。具体办法由双方协议;协议不成的,由人民法院判决。所以,对于这种离婚时一方生活困难的,可以要求对方给予帮助,案例中方某因面临生活困难,可以要求丈夫闫某给予一定的物质帮助。

需要注意的是,这种离婚时的帮助,其性质完全不同于夫妻共同生活期间的扶养义务。这种帮助是用来解决一方离婚时的生活困难的,并不是强加给另一方的长期扶养义务。而且这种帮助往往是临时的,现实中这种帮助可以有很多形式,比如,给予一定的经济帮助,给予一定期限的房屋居住权、使用权等。因此,留守妇女还是应当学习一技之长,调整好心态,依靠自己实现美好的生活。

政策法律依据

《中华人民共和国民法典》

第一千零九十条　离婚时,如果一方生活困难,有负担能力的另一方应当给予适当帮助。具体办法由双方协议;协议不成的,由人民法院判决。

39 丈夫在外打工去世，留守妇女长期照顾公婆，是否可以继承公婆的财产？

疑惑

大山和小婷是邻居，二人青梅竹马，从小玩到大。长大后小婷嫁给了大山，并给大山生育了一儿一女，一家人的生活很幸福。后来，大山为了赚钱外出打工，只有过年的时候一家人才能团聚。大山是家中独子，他外出后，小婷就将公婆接过来一起住，无微不至地照顾着。某日，同乡传来的一个噩耗，大山在建筑工地干活时不幸死亡。处理完大山的后事和理赔事宜后，小婷继续照顾孩子和年迈的公婆，并承诺会给公婆养老送终。也有人劝说小婷这样做不值得，她毕竟是个外人，再怎么照顾，公婆的财产也不会给她的。请问，丈夫在外打工去世，留守妇女长期照顾公婆，可以继承公婆的财产吗？

解析

丈夫在外打工去世，留守妻子可以继承公婆的财产，但前提是儿媳尽到了主要赡养义务。我国《民法典》第1127条规定，遗产的第一顺序继承人为配偶、子女、父母。同时，第1129条规定，丧偶儿媳对公婆，丧偶女婿对岳父母，尽了主要赡养义务的，作为第一顺序继承人。据此规定，丧偶的儿媳、丧偶的女婿因为对公婆或者岳父岳母尽了主要赡养义务而取得对公婆、岳父岳母财产的继承权，是一种独立的继承权，与第一顺序其他法定继承人的继承权同等。

案例中，大山是家中独子，大山的父母一直由小婷照顾，大山去世以后，小婷也一直在尽赡养义务，这种情况下小婷可以作为第一顺位继承人来继承公婆的财产。

在此也提醒大家，丧偶儿媳不是法律规定的继承人，同样也不是法律规定的赡养义务人。但如果丧偶儿媳尽到了赡养义务，法律会赋予其继承权。

政策法律依据

《中华人民共和国民法典》

第一千一百二十七条　遗产按照下列顺序继承：

（一）第一顺序：配偶、子女、父母；

（二）第二顺序：兄弟姐妹、祖父母、外祖父母。

……

第一千一百二十九条　丧偶儿媳对公婆，丧偶女婿对岳父母，尽了主要赡养义务的，作为第一顺序继承人。

40 丈夫在外打工期间有了外遇，妻子提出离婚时可以要求赔偿吗？

疑惑

梅子和超子是某村的一对夫妻，二人结婚以后，超子就去往外地打工了，留梅子一人在家。由于二人聚少离多，感情平淡，结婚四五年一直没有生育孩子。超子在外打工期间，认识了同乡小华，在与其交往中对其心生爱意。小华虽然知道超子在老家有妻子，但是身在外地也愿意多个人照顾自己，就答应了超子的追求，二人成了男女朋友并同居。不久，梅子听说了超子有外遇的事情，对超子很是失望，决定和超子离婚，但是要求超子给自己赔偿。请问，丈夫在外打工期间有了外遇，妻子提出离婚的时候可以要求赔偿吗？

解析

夫妻之间应当互相忠实，互相尊重，互相关爱，家庭方能和睦美满，这是我国的传统美德，也是法律明确规定的夫妻婚内义务。然而，案例中的超子在婚内出轨的行为伤害了梅子的感情，最终导致两人婚姻关系彻底破裂，走向离婚。

近几年,我国离婚率持续攀升,婚内出轨已成为夫妻感情破裂的主要原因之一。对于这种情况,我国《民法典》第 1091 条规定,有下列情形之一,导致离婚的,无过错方有权请求损害赔偿:(1)重婚;(2)与他人同居;(3)实施家庭暴力;(4)虐待、遗弃家庭成员;(5)有其他重大过错。案例中的超子与他人同居,系过错方,在离婚时,梅子可以要求超子对自己进行赔偿。当然,《最高人民法院关于适用〈中华人民共和国民法典〉婚姻家庭编的解释(一)》同时也规定,如果双方均有上述过错,那么一方或者双方向对方提出离婚损害赔偿请求的,人民法院不予支持。

婚内出轨的行为,不仅会给对方造成较大的精神伤害,更违背了公序良俗以及社会主义核心价值观的内在要求。在此也提醒各位,夫妻应尽相互忠诚的义务,对于严重不忠于婚姻的行为,要承担相应的法律责任。

政策法律依据

《中华人民共和国民法典》

第一千零九十一条　有下列情形之一,导致离婚的,无过错方有权请求损害赔偿:

(一)重婚;

(二)与他人同居;

(三)实施家庭暴力;

(四)虐待、遗弃家庭成员;

（五）有其他重大过错。

《最高人民法院关于适用〈中华人民共和国民法典〉婚姻家庭编的解释（一）》

第八十七条 承担民法典第一千零九十一条规定的损害赔偿责任的主体，为离婚诉讼当事人中无过错方的配偶。

人民法院判决不准离婚的案件，对于当事人基于民法典第一千零九十一条提出的损害赔偿请求，不予支持。

在婚姻关系存续期间，当事人不起诉离婚而单独依据民法典第一千零九十一条提起损害赔偿请求的，人民法院不予受理。

第九十条 夫妻双方均有民法典第一千零九十一条规定的过错情形，一方或者双方向对方提出离婚损害赔偿请求的，人民法院不予支持。

41 留守老人要搞“黄昏恋”，子女坚决不答应，子女违法了吗？

疑惑

刘某今年68岁，妻子5年前因病去世，儿子和闺女平时都在外地生活，刘某习惯了农村生活，不愿意和子女同住，所以一直一个人在村子里生活。刘某的邻居崔某年轻时丧偶，一直未改嫁，村里人背后称其“崔寡妇”。崔某比刘某小5岁，平时和刘某来往比较多。某日，刘某的腰被摔伤，崔某见状主动照顾刘某，直到刘某完全康复。经过这件事情，刘某觉得自己需要一个人做伴，与崔某之间也互有好感，于是俩人开启了一段“黄昏恋”，并决定结婚。这件事情被双方子女知道以后，子女都非常生气，要求他俩断了联系，并表示绝不同意二人结婚。请问，留守老人要搞“黄昏恋”，子女坚决不答应，子女违法了吗？

解析

老年人“黄昏恋”是现代社会大家较为关注且越来越多的现象，我们对此应当保持一种客观公正的态度。根据我国《民法典》第1041条的规定，我国实行一夫一妻婚姻制度，婚姻家庭受国家保护，国家保护妇女、未成年人、老年人、残疾人的合法权益。而《民法典》第1042条和第1046条也明确规定，禁止干涉婚姻自由的行为。也就是说，婚姻是男女双方平等、自愿的结合，只要符合一夫一妻制度，法律就予以保护，我们也应当尊重。所以，老年人“黄昏恋”甚至结婚，都是自由的，法律都予以保护，任何人不得干涉。子女不能因自己不同意而阻止老人恋爱结婚，这已经属于违法行为。

其实，我们很多年轻人一直忽略老人们的晚年爱情生活，总是用传统道德观念束缚老人，老人也不自觉地给自己套上了精神枷锁。也正是因为儿女的反对，导致大多数老年人都不敢去追求自己的幸福。实际上,老年人也是十分孤独的,加上身体机能的退化,各种疾病的侵入,老年人更需要亲人对自己身心健康的关照。但是子女却没有足够的时间给予老年人陪伴和关爱,反而用拒绝看望、断绝关系来阻止老年人寻求自己的伴侣。我们应当认真审视自己的观念和行为,尊重老人的“黄昏恋”,尊重老人对老伴的选择。

政策法律依据

《中华人民共和国民法典》

第一千零四十一条 婚姻家庭受国家保护。

实行婚姻自由、一夫一妻、男女平等的婚姻制度。

保护妇女、未成年人、老年人、残疾人的合法权益。

第一千零四十二条 禁止包办、买卖婚姻和其他干涉婚姻自由的行为。禁止借婚姻索取财物。

禁止重婚。禁止有配偶者与他人同居。

禁止家庭暴力。禁止家庭成员间的虐待和遗弃。

第一千零四十六条 结婚应当男女双方完全自愿,禁止任何一方对另一方加以强迫,禁止任何组织或者个人加以干涉。

42 什么是“三无”老人，国家对此类老人有什么照顾？

疑惑

张某今年62岁，年轻时老伴因病去世，老伴去世后不久，正在上学的儿子也意外去世，之后张某一个人靠打零工为生。去年，张某下楼时不小心从楼梯摔下，经诊断为右腿小腿粉碎性骨折，张某也无法再继续出去工作，失去了劳动能力和生活来源。某日，张某的朋友李某来看望张某，并安慰张某道，“像你这样的没有收入、没法工作还没人管的就是三无老人啊，你得靠国家的照顾”。那么，李某所言正确吗？什么是“三无”老人？我们国家对此类老人有什么照顾吗？

解析

我们常说的“三无”老人，是指无劳动能力、无生活来源、无赡养人和扶养人，或者其赡养人和扶养人确无赡养能力或者扶养能力的老年人。案例中张某已经62岁，丧失了劳动能力，没有生活来源，也没有赡养人和抚养人，是一个典型的“三无”老人。

随着我国人口老龄化进程的加快，老年人口越来越多，国家也出台了一系列的政策积极保障老年人的生活。对于“三无”老人，我们国家更是会给予一定的照顾。其中《老年人权益保障法》第31条就明确规定，老年人无劳动能力、无生活来源、无赡养人和扶养人，或者其赡养人和扶养人确无赡养能力或者扶养能力的，由地方各级人民政府依照有关规定给予供养或者救助。同时，《农村五保供养工作条例》第6条也规定，对于农村“三无”老人，可以享受农村五保供养待遇。《社会救助暂行办法》也明确了对于“三无”老人的救助供养内容。

除此之外，《国务院关于加快发展养老服务业的若干意见》也提出要办好公办保障性养老机构。各地公办养老机构要充分发挥托底作用，重点为“三无”老人、低收入老人、经济困难的失能半失能老人提供无偿或低收费的供养、护理服务。还提出要将所有农村“三无”老人全部纳入五保供养范围，适时提高五保供养标准，健全农村五保供养机构功能，使农村五保老人老有所养等。同时各地区也出台了具体措施，建立“三无”老人保障工作机制，保障“三无”老人的基本生活，做到老有所养。

政策法律依据

《中华人民共和国老年人权益保障法》

第三十一条 国家对经济困难的老年人给予基本生活、医疗、居住或者其他救助。

老年人无劳动能力、无生活来源、无赡养人和扶养人，或者其赡养人和扶养人确无赡养能力或者扶养能力的，由地方各级人民政府依照有关规定给予供养或者救助。

对流浪乞讨、遭受遗弃等生活无着的老年人，由地方各级人民政府依照有关规定给予救助。

《农村五保供养工作条例》

第六条　老年、残疾或者未满16周岁的村民，无劳动能力、无生活来源又无法定赡养、抚养、扶养义务人，或者其法定赡养、抚养、扶养义务人无赡养、抚养、扶养能力的，享受农村五保供养待遇。

《社会救助暂行办法》

第十四条　国家对无劳动能力、无生活来源且无法定赡养、抚养、扶养义务人，或者其法定赡养、抚养、扶养义务人无赡养、抚养、扶养能力的老年人、残疾人以及未满16周岁的未成年人，给予特困人员供养。

第十五条　特困人员供养的内容包括：

（一）提供基本生活条件；

（二）对生活不能自理的给予照料；

（三）提供疾病治疗；

（四）办理丧葬事宜。

特困人员供养标准，由省、自治区、直辖市或者设区的市级人民政府确定、公布。

特困人员供养应当与城乡居民基本养老保险、基本医疗保障、最低生活保障、孤儿基本生活保障等制度相衔接。

43 低收入的老人需要自己缴纳“新型农村合作医疗保险”的自费部分吗？

疑惑

李某是赵家沟村民，李某的妻子自幼残疾，李某年轻时受过腰伤，之后一直干不了重活。已过花甲之年的李某最近是彻底干不动活了，家里的收入只有粮食补贴了，于是和妻子商量，今年不想再继续缴纳农村合作医疗保险，能省则省。妻子不同意李某的意见，并经过多方打听，得知自己家符合低保户的条件，可以申请低保，以后对于自己缴纳的那部分费用，政府还可以给予补贴。请问，对于低收入的老人，需要自己缴纳“新型农村合作医疗保险”的自费部分吗？

解析

新型农村合作医疗，也就是我们俗称的“新农合”，是指由政府组织、引导、支持，农民自愿参加，个人、集体和政府多方筹资，以大病统筹为主的农民医疗互助共济制度，其采取个人缴费、集体扶持和政府资助的方式筹集资金。也就是说，农村合作医疗需要参保人自己缴纳一部分，国家也会承担一部分。那么，对于一些家庭困难的老年人,就自己应当缴纳的这部分,是不是有相应的优惠政策呢?答案是肯定的,根据我国《老年人权益保障法》第29条的规定,享受最低生活保障的老年人和符合条件的低收入家庭中的老年人参加新型农村合作医疗和城镇居民基本医疗保险所需个人缴费部分,由政府给予补贴。也就是说,有两类老年人是不需要缴纳新农合和新农保的,一类是享受低保的老年人,一类是符合条件的低收入家庭。案例中,已过花甲之年的李某如果申请办理了低保,就符合政策的要求,那么他们自己应当缴纳的那部分费用是可以由政府补贴的。

同时,《社会救助暂行办法》第29条也规定,对救助对象参加城镇居民基本医疗保险或者新型农村合作医疗的个人缴费部分,给予补贴。在此要提醒各位老年人,随着人年龄的增长,身体各项机能逐渐衰退,随时都有患病风险,如果没有参加医疗保险,一旦患病,对于很多家庭来说都是沉重的负担。所以,建议老年人积极缴纳医疗保险,确实存在困难的,可以及时寻求国家的救助。

政策法律依据

《中华人民共和国老年人权益保障法》

第二十九条　国家通过基本医疗保险制度,保障老年人的基本医疗需要。享受最低生活保障的老年人和符合条件的低收入家庭中的老年人参加新型农村合作医疗和城镇居民基本医疗保险所需个人缴费部分,由政府给予补贴。

有关部门制定医疗保险办法,应当对老年人给予照顾。

《社会救助暂行办法》

第二十九条 医疗救助采取下列方式：

（一）对救助对象参加城镇居民基本医疗保险或者新型农村合作医疗的个人缴费部分，给予补贴；

（二）对救助对象经基本医疗保险、大病保险和其他补充医疗保险支付后，个人及其家庭难以承担的符合规定的基本医疗自负费用，给予补助。

医疗救助标准，由县级以上人民政府按照经济社会发展水平和医疗救助资金情况确定、公布。

44 留守老夫妻一人失能的，该家庭可以得到相应的补贴吗？

疑惑

黄某夫妇是黄家屯的村民，黄某年轻时是一名大货车司机，在一次长途运输时发生车祸，落得终身残疾。黄某的老伴冯某是个地地道道的农民，种了一辈子地。黄某夫妇有个女儿，高中辍学后一直在外打工，出门多年几乎从不回家看望父母，最近几年更是断了联系。黄某夫妇的生活一直过得很清贫，除了黄某的老伴儿偶尔帮着别人做点手工活挣点钱外，家里没有其他收入来源。村委会和村民得知黄某家的困难，也一直在积极帮助。那么，对于这种留守老夫妻一人失能的，该家庭可以得到相应的补贴吗？

解析

黄某夫妇作为留守老夫妻，一人已经失去劳动能力，而随着年龄的增长，黄某的妻子也会渐渐失去劳动能力，家庭失去收入。对于这种经济困难的人员，国家会给予补贴。根据《老年人权益保障法》第31 条的规定，国家对经济困难的老年人给予基本生活、医疗、居住或者其他救助。同时，《老年人权益保障法》第 37 条也规定，对经济困难的老年人，地方各级人民政府应当逐步给予养老服务补贴。所以，对于案例中黄某这种经济困难的老年人，不管是在生活还是医疗方面，国家都会给予救助和补贴。

除此之外，根据我国《社会救助暂行办法》第 9 条的规定，国家对共同生活的家庭成员人均收入低于当地最低生活保障标准，且符合当地最低生活保障家庭财产状况规定的家庭，给予最低生活保障。也就是说，对于经济困难的家庭，国家会发放低保金，保障其基本生活。在上述案例中，黄某与女儿失去联系，孩子不赡养老人，老人的家庭收入也低于当地最低生活保障标准，据此黄某家也可以申请最低生活保障。对于保障标准，根据《社会救助暂行办法》第 10 条的规定可知，各地的最低生活保障标准会根据当地经济社会发展水平和物价的差异而有所不同，并且会适时调整。

所以，像黄某这样的家庭可以向乡镇部门申请低保补贴，对于批准获得最低生活保障的家庭，县级人民政府民政部门会按照共同生活的家庭成员人均收入低于当地最低生活保障标准的差额，按月发给最低生活保障金。

政策法律依据

《中华人民共和国老年人权益保障法》

第三十一条 国家对经济困难的老年人给予基本生活、医疗、居住或者其他救助。

老年人无劳动能力、无生活来源、无赡养人和扶养人，或者其赡养人和扶养人确无赡养能力或者扶养能力的，由地方各级人民政府依照有关规定给予供养或者救助。

对流浪乞讨、遭受遗弃等生活无着的老年人，由地方各级人民政府依照有关规定给予救助。

第三十七条 地方各级人民政府和有关部门应当采取措施，发展城乡社区养老服务，鼓励、扶持专业服务机构及其他组织和个人，为居家的老年人提供生活照料、紧急救援、医疗护理、精神慰藉、心理咨询等多种形式的服务。

对经济困难的老年人，地方各级人民政府应当逐步给予养老服务补贴。

《社会救助暂行办法》

第九条 国家对共同生活的家庭成员人均收入低于当地最低生

活保障标准,且符合当地最低生活保障家庭财产状况规定的家庭,给予最低生活保障。

第十条　最低生活保障标准,由省、自治区、直辖市或者设区的市级人民政府按照当地居民生活必需的费用确定、公布,并根据当地经济社会发展水平和物价变动情况适时调整。

最低生活保障家庭收入状况、财产状况的认定办法,由省、自治区、直辖市或者设区的市级人民政府按照国家有关规定制定。

CHAPTER

5

第五章

土地、水资源保护与污染防治

45 在基本农田上建房的，要承担怎样的法律责任？

疑惑

徐某家在村子的最东边，他门前的5亩承包地被政府划定为了基本农田。随着生活越来越富足，徐某觉得自己的房子又小又旧，在村里实在没有面子，就想重新翻盖自己的房子。考虑到现在的院子比较狭窄，即使在这里重新盖房子也不能满足自己的大房子要求，于是徐某就把新房址选在了门前的地里，并扩建了院墙。当徐某雇佣施工队正进行地基施工时，被村委会工作人员发现并紧急制止，村委会工作人员将此事逐级上报给了镇里以及县里的相关部门。那么，在基本农田上建房的，要承担怎样的法律责任？

解析

基本农田是为了保障国家的粮食战略安全，保障民生安全而划定的，基本农田保护是一道不可逾越的红线，任何单位和个人不得随意越界，对基本农田造成破坏或者损害后果的，要依法承担相应的法律责任。依据我国《土地管理法》第37条第2款以及《基本农田保护条例》第17条第1款的规定,禁止任何单位和个人在基本农田保护区内建窑、建房、建坟、挖砂、采石、采矿、取土、堆放固体废弃物或者进行其他破坏基本农田的活动。

本案中,虽然农田土地是徐某承包的,但是因为已经被规划为基本农田,那么对于土地的使用就应当遵守法律法规的规定,不得随意改变、破坏种植属性,徐某擅自在基本农田上进行建房活动已经违反了法律的规定。依据《基本农田保护条例》第33条以及《土地管理法》第75条的规定,对于徐某的违法行为,可以由县级以上人民政府土地行政主管部门责令改正或者治理,拆除已经建造的部分,进行培土等作业使得原种植条件得到有效的恢复,对于徐某还可以处占用基本农田的耕地开垦费1倍以上2倍以下的罚款;如果徐某的行为构成犯罪的,还应当依法交由有关部门追究徐某的刑事责任。

政策法律依据

《中华人民共和国土地管理法》第37条、第75条

《基本农田保护条例》第17条第1款、第33条

46 可以把稻田挖成池塘养鱼吗？

疑惑

李某家里的几亩水田被县政府农业农村局确定为了基本农田，近些年他一直在种水稻，但是由于种水稻产出有限，再加上粮食价格一直偏低，李某不得不在种水稻的同时打些零工。后来随着河鲜特别是鱼类产品在市场上逐步受到人们的喜爱，李某也萌生了挖掘池塘养鱼的想法。回到家后，他就雇佣挖掘机开始施工了，村委会工作人员知道情况后，紧急赶往现场进行了制止，并且将此事逐级上报。那么，可以把稻田挖成池塘养鱼吗？

解析

基本农田是国家在评定土地等级后将优质耕地予以规划，旨在从根本上实现粮食安全的目标，非因法定事由，非经相关部门的法定程序审批，是不得随意改变基本农田的原有粮食种植属性的。依据国务院《基本农田保护条例》第17条第2款的规定，禁止任何单位和个人占用基本农田发展林果业和挖塘养鱼。

本案中，李某的稻田被规划为基本农田，所以在本条保护的范围之内，李某擅自改变基本农田用途的行为，其本质是破坏原有的优质耕地，转而发展经济作业，这是法律严令禁止的，李某应当为自己的行为承担相应的法律责任。依据《基本农田保护条例》第33条的规定，可由县级以上人民政府土地行政主管部门责令改正或者治理，恢复原种植条件，处占用基本农田的耕地开垦费1倍以上2倍以下的罚款；构成犯罪的，依法追究刑事责任。

同时，依据《国务院办公厅关于防止耕地"非粮化"稳定粮食生产的意见》，明确不允许占用耕地而从事种树挖塘，后期国务院将会推动制定和完善相关法律法规，明确对占用永久基本农田从事林果业、挖塘养鱼等的处罚措施。

政策法律依据

《基本农田保护条例》第17条第2款、第33条

《国务院办公厅关于防止耕地"非粮化"稳定粮食生产的意见》

47 可以在耕地上盖"大棚房"吗？

疑惑

老张的孙子今年考上了大学，不再需要看顾，老张夫妇俩就打算回农村过一过休闲的晚年生活。儿子小张对此也表示同意，还决定出钱给父母盖一座休闲的农家小院，让他们可以老有所乐。正好老张还有十几亩的承包地，这些年一直对外承包。老张就想着以盖大棚的名义向村委会申请，到时候随便盖两个大棚可以种些蔬菜瓜果，在大棚旁边再盖一个二层小楼，对外可以说是看护房。经过审批后，老张就开始盖了大棚房，结果被相关部门查处。那么，可以在耕地上盖“大棚房”吗？

解析

我国《土地管理法》第34条、《基本农田保护条例》第10条均有明确规定，蔬菜生产基地应当划入基本农田保护区，严格管理。也就是说，蔬菜种植可以使用基本农田。但由于蔬菜种植对温度、湿度要求都比较高，尤其是我国冬季时间普遍温度在零度以下，无法实现持续性种植，所以需要建设大棚来实现这一种植环境需求，国家对此也并不禁止。但近些年，假意盖蔬菜大棚，实际上占用基本农田建房子的行为较为普遍，这类房子也就是上述的“大棚房”。这里需要区分“大棚”和“大棚房”两个不同的概念，原则上，基本农田上可以建设大棚种菜，但不允许建设温室和看护房。对此类“大棚房”，国家是坚决制止的，《国务院办公厅关于坚决制止耕地“非农化”行为的通知》规定，不得违反规划搞非农建设、乱占耕地建房等，巩固“大棚房”问题清理整治成果。所以，如果是建造手续合法的种植大棚还可以，但是千万不要利用大棚结构将农业生产用地改造成居住生活用地，这可是属于违法用地、违法建设。

案例中老张以盖大棚种植蔬菜的名义建设“大棚房”居住的行为,明显违反了法律规定,被查处的“大棚房”违法建设问题,是以合法的大棚种植审批手续,掩盖非法建造居住房的行为,为法律和国家政策所不许。

政策法律依据

《中华人民共和国土地管理法》第33条

《基本农田保护条例》第10条

《国务院办公厅关于坚决制止耕地“非农化”行为的通知》

48 在土地流转中,遇见破坏土地的行为,承包方可以解除流转合同吗?

疑惑

张某常年在外省打工,他在村里的承包地就流转给了一家农业公司,该公司主要开展玉米规模化种植。到了年底,张某回家过年,他发现这块地上有很大一片垃圾,张某立刻到农业公司进行了解,原来农业公司有很多生活和生产垃圾无处放置,正好这块地的地头闲置着,就先堆放垃圾了。后来被不远处的化工厂知晓,化工厂就提出了临时合作,化工厂在这里有偿存放垃圾。张某认为,原本化工厂因为土地重金属污染,政府要求工厂的周边土地都不允许排放垃圾,这样一来就污染破坏了自己的地块。张某坚决要求解除流转合同,收回承包地。但该农业公司认为流转合同期限未满,张某无权单方解除流转合同。那么,在土地流转中,遇见破坏土地的行为,承包方可以解除流转合同吗?

解析

为了维护市场的稳定性,合同一经订立,双方是不能擅自单方解除的,农村土地经营权流转合同也不例外,但是如果涉及土地破坏的原则性问题,那就另当别论。根据我国《农村土地承包法》第 42 条和《农村土地经营权流转管理办法》第 20 条的规定,土地受让方给土地造成严重损害或者严重破坏土地生态环境的,承包方有权单方解除土地经营权流转合同。有以上情形,承包方在合理期限内不解除土地经营权流转合同的,发包方有权要求终止土地经营权流转合同。

首先,我们要区分承包方、发包方、受让方这几个名词:家庭承包的承包方是本集体经济组织的农户,也即本案的张某;农民集体所有的土地的发包方是村集体经济组织或者村民委员会;受让方则是与承包方签订土地流转合同的一方,具体到本案中就是指的农业公司。那么,依据上述法律规定可知,土地受让方农业公司严重污染土地,承包方张某有权单方解除流转合同,并且即便张某不行使解除权,发包方也就是村委会或者村集体经济组织也有权要求终止流转合同。此外，张某单方解除流转合同后，还可以依据《农村土地经营权流转管理办法》第20条的规定，要求受让方农业公司对土地和土地生态环境造成的损害，依法予以赔偿。

政策法律依据

《中华人民共和国农村土地承包法》第42条
《农村土地经营权流转管理办法》第20条

49 什么是土壤污染重点监管单位名录？此类单位应当履行哪些义务？

疑惑

某村有一家集体所有的化工企业，主要从事原油加工及石油制品制造，因其有机污染物、重金属排放不合格，在一次市环保部门土壤检测过程中，被确定为土壤污染重点监管单位，依据该化工企业的行业特点和排污类型，又名列该市年度土壤污染重点监管单位名录之首。该市环保部门要求化工企业严格履行土壤污染重点监管单位的法定义务，该化工企业负责人表示坚决执行法定职责，但自己对此类规定并不清楚。那么，什么是土壤污染重点监管单位名录？此类单位应当履行哪些义务？

解析

土壤污染重点监管单位名录，简单来说就是一份企业名单，名单中的企业均为需要接受生态环境主管部门重点监督管理的单位。根据我国《土壤污染防治法》第 21 条的规定，政府生态环境主管部门应当根据辖区内企业排放有毒有害物质的情况，将对土壤污染严重的企业列为本行政区域的土壤污染重点监管单位，并将汇总的名单向社会公开。

对于名录中的被监管单位，应当履行多项自测、汇报义务，具体划分为以下三类：(1)严格控制有毒有害物质排放，并将排放情况及时汇报；(2)建立土壤污染隐患排查制度，持续有效防止有毒有害物质渗漏、流失、扬散；(3)制定、实施自行监测方案，并将监测数据报生态环境主管部门。这些义务是在配合主管部门定期检测的同时进行的，将企业自测和监管检测互相补充，充分保障土壤的安全。

政策法律依据

《中华人民共和国土壤污染防治法》第 21 条

50 基于保护土壤的需要，国家鼓励和支持农民采取哪些措施？

疑惑

老张是某村的一个农户，为了供孩子上大学，常年辛苦劳作。孩子小张毕业后，就打算把老张接进城里享福，老张觉得现在地里种的菜马上就丰收了，等收完菜再去城里也不迟。收菜时，老张想着以后也不回来种地了，这些农用薄膜也就用不上了，没必要把地膜都揭下来了。结果，老张刚进城不久，就接到村委会打来的电话，说老张家残留在地里的地膜不是可降解的，本来就不属于政府鼓励的行为，现在还没有把地膜揭下来，县政府来人说要处罚破坏土壤的老张。老张表示，自己也不是有意破坏，对于土壤的保护，自己并不清楚国家都有什么鼓励措施。那么，对于土壤的保护，国家鼓励和支持农民采取哪些措施呢？

解析

基于保护土壤的需要，国家鼓励和支持农民采取多种措施，根据我国《土壤污染防治法》第29条的规定，国家鼓励和支持的措施涉及使用低毒、低残留农药以及先进喷施技术，使用符合标准的化肥，采用病虫害绿色防控技术，使用生物可降解农用薄膜，综合利用秸秆、移出高富集污染物秸秆，按照规定对酸性土壤等进行改良六大方面。案件中，老张没有使用可降解农用薄膜，也没有及时收回农用薄膜，按照《土壤污染防治法》第88条的规定，县政府主管部门可以对老张处200元以上2000元以下的罚款。

地膜残留在农田里不但会对土壤造成污染，还会影响来年种植作物养分的吸收，最终导致作物减产。就因为此类行为的危害极大，为了促进农业健康发展，国家专门出台了鼓励生产者的生产措施，每一个农业种植者都应该积极响应号召，适用优良的种植技术、物资等，保障人们的“粮袋子”。

政策法律依据

《中华人民共和国土壤污染防治法》第29条、第88条

51 使用污染过的土壤来“垫地”耕种，违法吗？

疑惑

近年来，某城市大力发展新能源汽车，导致汽油车的保有量逐年降低,汽油的刚需也逐渐降低。城郊某加油站今年感觉运营吃力,就撤掉了这个加油站点。加油站设施完全拆走后,暴露出来地皮,这可让附近村的老李心动了。老李连夜开着三轮车,从这里拉了很多土,垫在了自己家田地旁的大坑里。垫平后,老李在这块地上撒上了种子。几天后,老李接到县农业农村局工作人员的电话,说是老李垫地的土是从老加油站拉的,那里的土有机污染物超标,使用这种土垫地的行为是违法的。老李很是疑惑,他以为土不分好坏,都能种庄稼,而且即便自己没能丰收,也不至于违法吧。那么,使用污染过的土壤来“垫地”耕种,违法了吗?

解析

垫地、复垦等一般都选择有机质和养分含量较高的土壤,而这些土壤一般都是在建设建筑物时,剥离存放的表土。但是因剥离表土成本较高,且单独存放也是耗时耗力,开发商都不太重视表土的剥离与存放,这也让土地的改良、垫土等缺乏优质土壤来源。即便如此,也绝不能使用被污染过的土壤来垫地、复垦,我国《土壤污染防治法》第33条早就明确规定,禁止将重金属或者其他有毒有害物质含量超标的工业固体废物、生活垃圾或者污染土壤用于土地复垦。因此,案例中老李用污染过的土壤来“垫地”耕种,其行为是违法的。

根据《土壤污染防治法》第89条的规定,县政府主管部门可以对老李处以罚款。将被污染过的土壤用来垫地,会扩大污染物的污染范围,把原本富有良好养分的土壤都覆盖污染了,并且这样的土壤培育出来的作物也是很难达到粮食安全标准的，食用后会对人们的身体健康造成很大的隐患。因此，我们要自觉抵制使用污染后的土壤从事农业种植活动。

政策法律依据

《中华人民共和国土壤污染防治法》第33条、第89条

52 什么是永久基本农田集中区域？已在该区域建塑料袋厂的，必须拆除吗？

疑惑

老王在外出旅游过程中结识了一个朋友，这个人向老王介绍了自己开办塑料袋厂的经历，老王觉得当前消费者对塑料袋的需求还是很大的，他回到家也着手在村里开办一个塑料厂，主要生产复合袋、真空袋、PVC包装袋，厂址就选在自己的农田地块上。塑料厂眼看就建成了，却被县政府的工作人员叫停了，说老王在永久基本农田集中区域内建设项目违法，要求老王立即拆除。那么，什么是永久基本农田集中区域？老王现已在该区域建塑料袋厂，又

必须得拆除吗？

解析

根据我国《土壤污染防治法》第49条、第50条的规定，按照土壤污染程度和相关标准，农用地分为优先保护类、安全利用类和严格管控类三类，其中，必须将符合条件的优先保护类耕地划为永久基本农田。永久基本农田是对基本农田进行的永久性保护，我国《土地管理法》第35条明确规定，永久基本农田经依法划定后，任何单位和个人不得擅自占用或者改变其用途。国家将“基本农田”改为“永久基本农田”，就体现了对耕地尤其是基本农田的重视，是最严格的耕地保护制度的体现。

案例中老王的塑料厂虽然已经初具规模，但是依据《土壤污染防治法》第50条的规定，在永久基本农田集中区域，不得新建可能造成土壤污染的建设项目；已经建成的，应当限期关闭拆除。老王的塑料厂因建设在了永久基本农田中，必须予以拆除，恢复基本农田原貌，从事粮食、蔬菜等作物的耕种，让基本农田发挥耕种的真正作用，不让耕地保护政策形同虚设。

政策法律依据

《中华人民共和国土壤污染防治法》第49条、第50条

《中华人民共和国土地管理法》第35条第1款

53 个人有配合土壤污染风险管控的义务吗？

疑惑

老张一直以种地为生，村东头的地块今年长势不好，老张站在地里观望很久，终于发现了越临近东面的废弃煤渣堆放站，地里庄稼就长得越矮，而且出苗也明显稀疏一些。老张寻思着，或许就是这个煤渣堆放站影响了田地里的养分，也就耽误了庄稼的长势。老张记得前两年这个堆放站废弃后，政府和原来企业负责人都专门治理过这片土地，时不时地还检测土壤成分，看来是治理恢复的不太彻底。老张觉得自己年龄大了，明年也就不再种地了，这回就吃个“哑巴亏”得了。后来，政府例行检测时发现，这片废弃堆放站地块存在砷浓度超标，连同老张的地也被污染了。老张说自己早就知道了，对这个结果并不吃惊。政府工作人员批评老张说，老张发现土地污染情况，就应该告知主管部门，这是他的义务。老张疑惑不解，农民个人有配合土壤污染风险管控的义务吗？

解析

在环境保护领域,我们一直都坚持“谁污染,谁治理”的基本原则,土壤污染后的修复也主要由污染责任人负责,政府主管部门督导。由于土壤污染信息公开存在一定的滞后性,因此,民众个人很难参与到土壤污染风险管控和修复中来。但是,根据我国《土壤污染防治法》第57条的规定,农村集体经济组织及其成员、农民专业合作社及其他农业生产经营主体等负有协助实施土壤污染风险管控和修复的义务。也就是说,国家充分考虑到民众个人在土壤污染风险管控和修复中的困难,但并不能因此消除其法定义务,民众个人必须肩负起其相应的协助管控和修复的基本义务。案例中的老张对土壤是否存在污染风险、土壤修复是否达标等情况,负有法定协助配合的义务。更何况老张早就知道了自家地块被污染的事实,他更应及时向上级有关部门报告。

近年来,“重金属超标大米”等粮食安全问题备受人们关注,受污染土壤种植的作物也存在安全隐患,影响到食用者的身体健康。但是食用者出现不良反应后再追根溯源,未免太滞后。而政府检测人力物力有限,无法时时检测,这就需要充分动员附近的村民,加入到污染土壤管控和修复中,一旦在耕种中发现土壤有污染风险,应当及时履行自身管控和修复义务,确保农产品质量安全。

政策法律依据

《中华人民共和国土壤污染防治法》第 57 条

54 什么是全国土壤环境信息平台？ 此平台对农民朋友来说有何意义？

疑惑

老王有台播种机，常年外出提供播种服务，自己的播种技术也越来越娴熟。今年，老王的妻子身体不太好，需要老王长期在家照顾。老王就盘算着在村里承包一片农田，不再出省收割了。这时候老李找到老王，说自己的地很多年没种作物了，愿意低价流转 10 亩土地给老王。老王以为捡到了便宜，当场付下了两成定金。一天，老王在村里闲聊时说了自己新承包的地块，村民建议他要慎重点，老王的那块地曾经被重金属污染过，村主任还建议他查询一下全国土壤环境信息平台里的信息，看看目前修复效果是否达标，提前心里有个谱。请问，什么是全国土壤环境信息平台？此平台对农民朋友来说有何意义？

解析

全国土壤环境信息平台就是国家搭建的一个发布各地土壤信息的公开平台，主要解决信息不对称的问题，是土壤环境保护的一个重要信息来源。根据我国《土壤污染防治法》第82条的规定，此平台会及时更新关于土壤污染状况普查报告、监测数据、调查报告和土壤污染风险评估报告、风险管控效果评估报告、修复效果评估报告等信息。该平台发布的信息基本上涵盖了某块土壤污染前、污染中、修复后整个链条的信息。

对于农民朋友来说，对土壤养分及污染情况的认识缺乏有效的自我判断能力，这就需要借助国家的检测数据来帮助自己识别判断，全国土壤环境信息平台就为农民查询、了解地块情况提供了时时有效的指引。这也是案例中村主任建议老王查询这一平台的初衷。老王如果查询到该承包地块污染尚未修复达标，那么他就可以及时止损，不投入作物种植，降低自己决策出错的可能性，以便从源头上维护自己的合法权益。

另外，依据《土壤污染防治法》第96条的规定，老王还可以对老李流转污染土地的行为给其造成的损失，追究民事侵权责任。当然，知晓地块污染不达标的农户，也可以积极响应政府号召，参与到土壤管控、修复的过程中。

政策法律依据

《中华人民共和国土壤污染防治法》第 82 条、第 96 条第 1 款

55 媒体曝光土壤污染事件后，事主对其打击报复的，可能要承担怎样的法律责任？

疑惑

某农药厂一直以来都是该镇的支柱企业，对该镇的税收和就业问题有着重要作用，然而就是这样一家举足轻重的企业，对生产过程中产生的农药残渣等垃圾排放处理方式，竟是单一地就地掩埋。时间久了，附近村子的地下水明显浑浊了，还带有一点异味。村民老王就经常跟他的儿子小王抱怨，小王是该县报社的员工，随即写了一篇文章曝光了这个农药厂违规排污的事。后来，县领导要求主管部门对附近的地下水质量进行监测，结果这里的地下水已经被严重污染了，县环保部门立刻关停了该农药厂。农药厂负责人一气之下就拿着酒瓶子往老王家院子里砸，老王也埋怨儿子太冲动了。那

么,媒体曝光土壤污染事件后,事主对其打击报复的,可能要承担怎样的责任?

解析

媒体担负着新闻报道的责任,对土壤污染的宣传和普及,是其职责之一,也有着法律依据。我国《土壤污染防治法》第10条、第83条明确规定,新闻媒体应当加强土壤污染防治宣传教育和科学普及,增强公众土壤污染防治意识,引导公众依法参与土壤污染防治工作。新闻媒体对违反土壤污染防治法律法规的行为享有舆论监督的权利,受监督的单位和个人不得打击报复。因此,案例中的小王对农药厂污染土地的报道是尽职履责的体现,依法不受打击报复。

依据《土壤污染防治法》第98条的规定,违反本法规定,构成违反治安管理行为的,由公安机关依法给予治安管理处罚;构成犯罪的,依法追究刑事责任。也就是说,企业负责人的打击报复行为,会按照侵害行为的严重程度依法追究其治安管理处罚、刑事责任。企业打击报复行为中损害老王家的财产的,根据《民法典》第1165条的规定,老王也可以追究企业负责人的民事赔偿责任。

政策法律依据

《中华人民共和国土壤污染防治法》第10条、第83条、第98条

《中华人民共和国民法典》第1165条第1款

56 举报污染土壤的，会得到哪些保护措施？ 如何进行举报？

疑惑

某村西头有一个化工厂，主要生产化工原料，该化工厂长期排放带有恶臭气味的废水，味道难闻还能忍一忍，但是该村的地下水也明显有了一股臭味。由于村里人都分到了企业给的红包，大家合计着先挖一口深井，集中吃水。可是过了3个月，深井里的水也出现了浑浊，很多孩子喝了这里的水都出现了拉肚子现象。村民老刘实在是忍受不下去了，就跑到村委会，说要组织联名举报污染土壤的事。但是很多村民都不愿意参与联名举报，怕会遭到打击报复，而且大家都不知道该如何举报，事情就暂时被搁置了。那么，举报污染土壤的，会得到哪些保护措施？如何进行举报？

解析

根据我国《土壤污染防治法》第84条第1款的规定，任何组织和个人对污染土壤的行为，均有报告或者举报的权利。举报的方式可以匿名举报，也可以实名举报。受理举报的机构主要是生态环境主管部门和其他负有土壤污染防治监督管理职责的部门,这些主管部门会将举报联系方式向社会公布。因此,对于案例中化工厂土壤污染导致的地下水污染的情况,村民可以登录环保局等主管部门的网站,查询公开的举报方式,依法向环保局等主管部门举报。

另外,根据《土壤污染防治法》第84条第3款、第4款的规定,接到举报的部门应当及时处理并对举报人的相关信息予以保密;对实名举报并查证属实的,给予奖励。举报人举报所在单位的,用人单位不得对举报人进行直接或变相的打击报复。由此可见,国家出台了很多保护措施,诸如保密、奖励等,支持和鼓励公众举报污染土壤的不法行为。案例中的村民可以放心地同老刘一起去环保局等管理部门举报,切不可因收取红包就置村内土地和村民的健康于不顾。

地下水质量关乎亿万民众的身体健康,水是万物之源,污水则是万恶之源,因此,每一个人都应当背负起监督、举报的责任,主动参与土壤污染防治监督,共同守护我们赖以生存的环境。

政策法律依据

《中华人民共和国土壤污染防治法》第84条

57 往河道内倒垃圾违法吗?

疑惑

当下某县政府部门正在宣传“焚烧垃圾会造成大气污染,禁止焚烧垃圾”。该县某村是沿着本县一条主河干道延伸开来的,村民知道私自焚烧垃圾,飘起的浓烟很容易被人发现,但是生活垃圾每天都在产生,村民也不习惯把垃圾放到很远的垃圾转运站,便就近把河道当垃圾场了。仅仅半个月,河道就飘起了一层生活垃圾,半片河道都被“蚕食”了。生态办工作人员迅速组织了河道治理专项行动,又在河边每隔几十米设置了垃圾桶,并设立警示牌“严禁乱倒垃圾,违者罚款”。村民都知道往河道里倒垃圾是不文明之举,却不知道还会面临罚款。那么,往河道内倒垃圾违法吗?

解析

往河道内倾倒垃圾的行为除了属于道德层面的不合理行为,也触犯了法律规定,我国《水法》第 37 条明确规定,禁止在江河、湖泊、渠道内弃置垃圾。对于乱倒垃圾导致河道受阻的,按照《水法》第 66 条及《防洪法》第 55 条的规定,主管部门有权责令停止违法行为,限期清除障碍或者采取其他补救措施,处 5 万元以下的罚款。因此,案例中的村民如果继续在河道中倾倒大量的垃圾，违法者就会面临高额罚款。

河道除了有涵养水源的功能，最为关键的是具有防洪泄洪安全保障的功能。倾倒垃圾的行为不仅影响了生态环境，也会大大降低河道的防洪泄洪能力。近年来，河道管养单位持续开展了多次专项执法行动，加强巡查，严厉打击河道管理范围内倾倒垃圾的违法行为。河道沿线的居民也应自觉学法、守法，共同维持河道整洁，让河道露出宽阔干净的水面。

政策法律依据

《中华人民共和国水法》第37条、第66条

《中华人民共和国防洪法》第55条

58 毁坏堤防、护岸等，要承担怎样的法律责任？

疑惑

孙某在村里自建的新房需要拉一些石料来垫高地基，他想起来，前段时间因为临近汛期，县里组织施工队伍对村外行洪河道的护岸进行了加固，护岸方框里的石料正好可以拉来垫地基，再加上离家近，来回也方便，这样正好可以省下一笔钱。于是当晚，孙某便开着自己的农用三轮车来到河堤，趁着天黑自顾自地开始撬动石料，刚庆幸自己搬了满满一车，却被巡堤人员发现制止了。那么，毁坏堤防、护岸等，要承担怎样的法律责任？

解析

堤防、河岸等水工程及其附属设施都是国家财产的一部分，承担着保护民众不受洪水侵袭的重要责任，是有着基础地位的民生保障工程，因此国家从多方面立法对防洪工程、设施等进行了明确的立法保护。依据我国《水法》第 41 条的规定，单位和个人有保护水工程的义务，不得侵占、毁坏堤防、护岸、防汛、水文监测、水文地质监测等工程设施。

本案中，护岸工程里的石料是为了保障护岸功效的充分发挥，在汛期来临时承担防洪的重任，但是孙某为了私利，私自破坏、偷运护岸石料，对于护岸水工程产生了破坏，因此应当受到相应的法律处罚。依据《水法》第 72 条以及《防洪法》第 60 条的规定，相关部门可在结合具体案情的情况下责令其停止违法行为，采取补救措施，并对其处以罚款；造成损坏的，依法承担民事责任。另外，如果其情节符合《治安管理处罚法》或《刑法》等法律规定的违法情节，还有可能承担行政拘留或者是相关刑事责任。

政策法律依据

《中华人民共和国水法》第41条、第72条

《中华人民共和国防洪法》第60条

59 侵占、盗窃或者抢夺防汛物资、防洪排涝、农田水利设施等，要承担怎样的法律责任？

疑惑

为了有效完成今年的防汛保障任务，县里在汛期来临之前拨出专款对境内的几条泄河道进行加宽加固，赵某作为附近居民也报名参加河堤工程施工。在施工的时候他发现因为人手不足，施工现场看护管理不是十分严格，于是就萌生了捞点小便宜的念头。在与几个同村的同伴商量后，几人决定趁着天黑，把新安装的一批河堤护栏悄悄卸下，拉到市场卖掉。但是在偷运的过程中被巡视人员发现，巡视人员迅速向上级部门和公安机关进行了报告和报案。那么，侵占、盗窃或者抢夺防汛物资、防洪排涝、农田水利设施等，要承担怎样的

法律责任？

解析

侵占、盗窃或者抢夺防汛物资，防洪排涝等设备、设施的，除违反了一般意义上国家保护公私财产不受非法侵害的规定外，更深层次的意义在于防汛物资，防洪排涝等设备、设施实现的是保障居民不受洪水侵袭，保障的是广泛的社会民众的生命财产健康安全，因此，国家对此作出了从严规定。依据我国《水法》第 73 条的规定，如果上述行为构成犯罪的，依照《刑法》有关规定处罚。另外，因盗窃的财产不属于一般意义的如金钱等财产，达到刑事追诉标准的，还会按照《刑法》以及《最高人民法院、最高人民检察院关于办理盗窃刑事案件适用法律若干问题的解释》第 2 条的规定，在量刑上予以从重处罚。

即便赵某盗窃防汛物资的行为未达到刑事立案标准，公安机关也可以参照我国《治安管理处罚法》第 33 条的规定对其处以 10 日以上 15 日以下的拘留。也就是说，本案中赵某等人的行为已经触犯了法律的规定，依据其情节及性质的不同，应承担相应的行政处罚、刑事处罚等不同程度的法律处罚责任。

政策法律依据

《中华人民共和国水法》第73条

《中华人民共和国治安管理处罚法》第33条

《最高人民法院、最高人民检察院关于办理盗窃刑事案件适用法律若干问题的解释》第2条

60 按照养殖批下来的海域使用权，被用来发展旅游，合法吗？

疑惑

近年来，随着海产养殖、海边旅游等近海产业的兴起，齐某决定回家创业。经过一系列审批程序后，县里的海洋行政主管部门核发给齐某一块20亩的海域使用权用作海产养殖。好长时间过去了，而齐某的海产养殖却一直不见起色，白白浪费了许多人力、物力，正好这时旁边海场的使用人赵某找到齐某，想把齐某的这片海域扩展进来共同发展旅游赚钱。齐某听后当即同意赵某的意见，以自己的海域使用权作为入股，和赵某共同开发经营海上海场旅游。但是正当

齐某进行改建时，被有关部门发现并进行了查处。那么，按照养殖批下来的海域使用权，被用来发展旅游，合法吗？

解析

海域使用权是在符合海洋功能区划的前提下进行一系列论证、审核后批准的，必须按照申请审批的用途使用，任何单位和个人不得擅自改变用途。依据我国《海域使用管理法》第 28 条的规定，海域使用权人不得擅自改变经批准的海域用途，确实需要改变的，也应当通过报批程序，经由原批准人民政府核准才行。本案中齐某为谋求利益，擅自改变海域使用权原定的养殖规划，转而进行旅游开发的行为，明显违背了这一法律的规定，应当受到相应的处罚。

依据《海域使用管理法》第 46 条的规定，擅自改变海域用途的，有关机关可以责令其限期改正，没收其违法所得，并对其处以非法改变海域用途的期间内该海域面积应缴纳的海域使用金 5 倍以上 15 倍以下的罚款；如果海域使用权人拒不改正的，还可以由颁发海域使用权证书的人民政府注销海域使用权证书，收回海域使用权。案例中的齐某不但需要限期改正其改变海域养殖用途的违法行为，还有可能受到罚款、没收使用权证书等处罚。

我国法律对海域使用权的严格管控，一方面是因为不同的使用权种类间存在批准时限、使用金标准等差异，随意改变可能损害相关公共经济利益；另一方面更深层次的意义在于，海域使用管理权的批准是在符合海洋功能区划，并结合当地实际情况进行整体评价后批准的，如果允许擅自改变，则有可能对临近海域使用者甚至整体规划产生不良的影响和后果。因此，海域使用权人不能以金钱盈利为导向，置公共利益于不顾。

政策法律依据

《中华人民共和国海域使用管理法》第28条、第46条

61 在大坝附近挖沙、取土，要承担怎样的法律责任？

疑惑

近两年雨水频繁，王某的牛圈因为地势较低经常被淹，于是他想趁着今年雨季到来之前，扩建、垫高一下自己的牛圈，避免到时候又被淹没。因为当地政府每年都会对村外水库的大坝及周边的地表进行修缮、加固、平整，所以王某知道大坝下方十多米的范围内都垫过专门的土方，于是王某就骑着三轮车到大坝附近准备挖几车土回来，正在挖的时候被巡视的水库管理人员发现了，管理人员立即制止了王某的行为，告诉他这里属于大坝的管理范围，同时上报了相关管理部门。那么，在大坝附近挖沙、取土，要承担怎样的法律责任？

解析

水库大坝对水库蓄水储水、调节水流量，有效减少下游及周边地区洪涝灾害发生等起着关键性的作用。作为关系周边甚至地区民生的重要工程组成部分，国务院专门出台部门条例来规范水库大坝的兴建、保障等一系列活动。大坝的管理范围与保护范围是为充分保障大坝安全与作用发挥，并经过科学论证后确定的，依据《水库大坝安全管理条例》第13条的规定，禁止在大坝管理和保护范围内进行爆破、打井、采石、采矿、挖沙、取土、修坟等危害大坝安全的活动。试想，如果在管理和保护范围内从事上述禁止性行为，可能在不知不觉中已经对大坝的基础建设和物理构造产生了影响，对于大坝和水库的安全埋下了巨大隐患，这是法律所不允许的。

本案中，王某在大坝管理范围内挖土供自己使用的这一行为无疑是违反法律规定的，应当受到相关法律的处罚。依据《水库大坝安全管理条例》第29条以及我国《治安管理处罚法》第33条的规定，对于王某的违法行为可以由大坝主管部门责令其停止违法行为，赔偿损失，采取补救措施，可以并处罚款；如果还需要给予治安管理处罚的，可以处以10日以上15日以下的拘留，构成犯罪的，还可以依法追究他的刑事责任。

政策法律依据

《水库大坝安全管理条例》第13条、第29条

《中华人民共和国治安管理处罚法》第33条

62 可以在大坝一侧晾晒粮草吗?

疑惑

因为自家庭院地方狭窄,往年一到了秋季收获时节,何某就不得不把玉米晾晒到外面的马路上,来来往往的车辆有时会把玉米碾的到处都是,十分不便。今年何某家附近的水库终于修建完成了,在投用剪彩的时候何某也和村里人前去观看,看到由混凝土修建的水库大坝十分平整宽敞,何某就想着到了秋收的时候直接把粮食拉到这里来晾晒。转眼到了秋收时节,何某开着车把自家的玉米卸到了大坝下面,并在大坝的外侧开始铺平晾晒,就在何某刚弄好时,却被赶来的管理人员发现并予以制止。那么,可以在大坝一侧晾晒粮草吗?

解析

水库大坝的平稳、安全为水库工程作用的充分、有效发挥提供着重要保障。如果大坝出现了安全隐患或是事故，那么有可能造成水库功能失效，甚至可能造成水库的垮塌，对于周边人民群众的生命财产安全造成巨大的损害。依据《水库大坝安全管理条例》第17条的规定，禁止在坝体修建码头、渠道、堆放杂物、晾晒粮草。本案中，何某以为凭借着临近的优势，擅自把自家玉米在大坝一侧进行晾晒的想法和行为明显是违反法律规定的。

依据《水库大坝安全管理条例》第29条及《治安管理处罚法》第33条的规定，对于何某的违法行为，可以由大坝主管部门责令其停止违法行为，赔偿损失，采取补救措施，可以并处罚款；应当给予治安管理处罚的，可以对其处以10日以上15日以下的拘留，构成犯罪的，还应当依法追究刑事责任。

需要注意的是，大坝作为保障区域民生的重要公共财产，任何单位和个人都不可以私自违背法律进行破坏或占用。

政策法律依据

《水库大坝安全管理条例》第17条、第29条

《中华人民共和国治安管理处罚法》第33条

CHAPTER

6

第六章

林地、草地保护与污染防治

63 可以将山上的野树砍回家使用吗？

疑惑

小张为了照顾年迈多病的父亲，辞掉了城里的工作，回到农村老家生活。即将入冬转冷，小张为了生火取暖做饭，打算自己上山去砍些野树枝回家用。离家最近的是一片国家重点防护林，小张知道这种地方的树是不能乱砍乱伐的，于是，他就骑着电三轮往远处走了20多里地，终于发现一片小树林，这里的树不太大，砍起来比较省力，而且路面坡度比较缓，也就有三四十度的样子，上山下山也比较容易。就这样，小张一个下午就砍了将近一车的树杈，心里正高兴的时候，却听到远处的喇叭在反复播放着，“立即停止砍伐，你的行为违法……”小张这下没了主意。那么，对于山上的野树，可以砍回家使用吗？

解析

很多人看到“国家一级重点保护林木”“革命纪念地林木”等标志语，都能做到不乱砍乱伐，但是对其他不允许擅自砍伐的林木还没有清晰的认知。根据《国家林业和草原局关于规范林木采挖移植管理的通知》的规定，对于坡度35度以上林地上的林木及郁闭度低于

0.6 的森林、坡度 25 度以上的林地、划入生态保护红线范围内的林木等均属于不能随意砍伐的林木范畴。因此,案例中小张砍伐的树,因生长在坡度 35 度以上,也是不能随意砍伐带回家的。

乱砍乱伐林木会造成地表植被的破坏,极容易引发水土流失,是破坏自然和生态环境的行为,其危害很大。因此,除了及时制止小张的砍伐行为,当地林业主管部门的工作人员还会依据《森林法》第 74 条第 2 款的规定,要求小张限期在原地或者异地补种毁坏株数 1 倍以上 3 倍以下的树木,以示处罚。现实生活中,像小张这种砍柴家用的行为,属于破坏林木情节轻微的,如果有不法分子为了一己私利,大规模砍伐林木,造成林木严重破坏的,国家还会以刑事处罚予以严厉制裁,其目的就是全力维护山青水秀的人居坏境、生态环境,这需要广大民众都能参与进来,不做案例中小张这种糊涂事!

政策法律依据

《中华人民共和国森林法》第 74 条第 2 款

《国家林业和草原局关于规范林木采挖移植管理的通知》

64 林地流转后，对方毁坏林木的，可以解除合同吗？

疑惑

某村集体到该县森林公安局报案称，本集体的林地中大量林木被王某毁坏，要求森林公安机关查处。经查，年初王某与该村村集体签订合同，约定该村集体将3亩林地使用权转让给王某，林某不得擅自改变林地用途。但是，几个月后，王某竟然用开挖机将一大块林地翻耕，毁坏了多株林木。村集体得知这一消息后，一方面制止了王某的行为，要求解除转让合同；另一方面找到了森林公安报案，希望国家机关介入处理。但王某认为合同上白纸黑字写得非常清楚，自己的流转承包期还没有到期，村集体没有权利解除合同要回林地。那么，林地流转后，对方毁坏林木的，可以解除合同吗？

解析

案例中王某伐林翻耕的行为属于改变林地使用用途，依据《森林法实施条例》第6条的规定，其应该办理登记手续。王某在未办理登记手续，也没有林木采伐许可证的情况下，擅自砍伐林木，造成林木、林地的严重毁损，根据我国《森林法》第19条的规定，发包方，也就是本案中的村集体，是有权解除流转合同，收回林地经营权的。

另外，对于王某违法进行开垦的行为，根据《森林法实施条例》第74条第1款的规定，其所在县的林业主管部门有权责令其停止违法行为，限期在原地或者异地补种毁坏株数1倍以上3倍以下的树木，还可以处毁坏林木价值5倍以下的罚款。情节严重的，处罚力度还将依法加大。允许林地使用权流转，能有效促进林业资源的优化配置，但国家决不允许有人打着流转的旗号，实施破坏林地的不法行为。

政策法律依据

《中华人民共和国森林法》第19条、第74条第1款

《中华人民共和国森林法实施条例》第6条、第41条第2款

65 向林地排污，要承担怎样的法律责任？

疑惑

孟某的矿业公司近日又通过审批获得了一处新矿的采矿权，针对采矿过程中产生的矿渣、尾矿等污染物质，虽然孟某的公司有保持长期合作的环保公司可以处理这些废弃物，但是因为新矿位置十分偏僻,在某村外一处山上,废弃物运输费比平时多了两三倍。考虑到高昂的成本,孟某指使手下的车队队长姜某私自把这些废弃物倾倒到离矿区大约30公里以外的一片森林里,姜某就带领手下的车队每次都趁着天黑拉走。附近村民发现了孟某公司的违法行为后向有关部门进行了报案。那么,向林地排污,要承担怎样的法律责任?

解析

土壤上生长的植被可以有效调节环境气候、保持水土,反过来,林木的生长也离不开良好的土壤,它们互相作用,维持着林木和土壤之间的自然平衡。国家在保护森林资源的同时,也非常注重保护林地的土壤不受污染和破坏。依据《森林法》第39条第2款的规定,禁止向林地排放重金属或者其他有毒有害物质含量超标的污水、污泥,以及可能造成林地污染的清淤底泥、尾矿、矿渣等。本案中孟某、姜某及矿业公司的做法是明显违反法律规定的。

对于包含矿渣、尾矿在内的这类污染物质的处理,国家有严格的限制和要求,孟某等人为了自己的私利,置国家法律与环境保护于不顾,私自倾倒污染物质的行为已经严重触犯了法律的规定。依据《森林法》第74条以及我国《土壤污染防治法》第87条的规定,针对本案的违法行为,相关主管部门有权责令行为人改正,并对其处以罚款;情节严重的,可以将案件移送公安机关,对直接负责的主管人员和其他直接责任人员处以拘留;有违法所得的,没收违法所得。

政策法律依据

《中华人民共和国森林法》第39条第2款、第74条第3款

《中华人民共和国土壤污染防治法》第87条

66 在幼林里砍柴、放牧，要承担怎样的法律责任？

疑惑

赵某家饲养了几十只羊，圈养了一整个冬天后，赵某想趁着春天返青，羊群快速增肥的时节，将这些羊赶出去放牧。一天，赵某赶着自己的羊群向村后一片新种两三年，尚未成形的树林走去，一来那里靠近河边，草长势很好；二来林子不茂密，自己也好看着羊群，防止走丢。在羊群吃草的时候，赵某顺便砍了些树枝回去晾干后当柴烧。此时，村里的护林员老王按照惯例正在进行每天的巡视，发现了赵某的砍柴、放牧行为，立刻进行了制止，并且上报有关部门。有关部门进行现场清点后，对赵某进行了批评教育并作出了处罚。那么，在幼林里砍柴、放牧，要承担怎样的法律责任？

解析

幼林是指自种植到形成完全郁闭的这一阶段的树木形态，国家法律明确规定必须保障幼林的成长与成材。幼林阶段，树木尚未成材，不具有完全的抗害性或者经济效用，此时对于幼林的保护一是从保护生态环境的稳定与发展的长远利益出发，二是减少不必要的自然资源浪费。但是，砍柴、放牧的行为无疑都会不可避免地对幼林造成损害，国家出于长远考虑，对于上述行为是明令禁止的态度。

回归本案中的赵某，他不但在幼林中放牧，甚至还有砍柴行为，一方面，其饲养的羊群有啃食树皮的行为，会对树木的成长与营养供应造成损害；另一方面，鉴于幼林正处于生长期，尚未形成有效的树冠，这时候对于树枝的砍伐也将影响树木将来的长势，很有可能无法形成有效的郁闭，起不到良好的生态环境促进效果。所以，依据我国《森林法》第 39 条第 3 款的规定，在幼林地里砍柴、放牧行为是为法律所明令禁止的。同时，依据《森林法》第 74 条第 2 款的规定，对于赵某的违法行为，县级以上人民政府林业主管部门有权责令赵某停止违法行为，并责令赵某限期内在原地或异地补种毁坏株数 1 倍以上 3 倍以下的树木。

政策法律依据

《中华人民共和国森林法》第39条第3款、第74条第2款

67 挪动森林保护标志，要承担怎样的法律责任？

疑惑

暑假的时候，户外运动社长胡某提出前往大兴安岭的旅游林区进行徒步探险，小孙作为社里的新进骨干也积极主动地报名参加了。一行人抵达后便按照事先规划的线路向林区里的瞭望塔走去，一路上，小孙发现每隔不远处就有防火森林、国家森林等标志或是树立在路边，或是挂在明显的地方。出于好玩的心态，小孙便挪动了几个标志，还自顾自地拍照发了朋友圈。林区的防火员何某进行巡视时，发现了被挪动的森林保护标志，赶忙追上小孙他们，对小孙的行为进行制止并且作了批评教育。那么，挪动森林保护标志的，要承担怎样的法律责任？

解析

森林保护标志的作用在于提醒人们对于森林保护应当注意的事项。森林保护标志的设立与安放并不是随意设定的，保护标志的种类既应当符合林地、林区的地区特点与特色，又应当保证容易引起人们注意。因此，森林保护标志除相关部门依法依规进行重新规划和挪动外，普通的个人是严禁随意挪动的。我国《森林法》第 39 条第 4 款明确规定，禁止擅自移动或者损坏森林保护标志。本案中，小孙出于好玩的目的，私自挪动森林保护标志，给林区的环境保护与风险防范都带来了安全隐患，这样的行为是法律明令禁止的。

小孙的行为相应地会面临法律的制裁惩戒。依据《森林法》第 75 条及《森林法实施条例》第 45 条的规定，擅自移动或者毁坏森林保护标志、服务标志的，由县级以上人民政府林业主管部门责令其恢复原状，如逾期不恢复的，由主管部门代为恢复，但所需的费用将由违法者负责承担。案例中的林区防火员及时制止了小孙的违法行为，小孙应当及时将森林保护标志放回原位，改正自己的错误行为。

需要注意的是，涉及安全无小事，对于不熟悉森林保护相关法律法规政策的，也要尽量做到文明通过、文明旅行，不能任意妄为，否则将可能因为违反法律的规定而受到惩处。

政策法律依据

《中华人民共和国森林法》第39条第4款、第75条

《中华人民共和国森林法实施条例》第45条

68 什么是商品林？国家鼓励发展哪些商品林？

疑惑

刘某在村里承包了一片荒地，想要盖个养殖厂发展养殖业，县里相关部门在审核刘某递交的规划申报文件时，发现刘某承包的荒地靠近水源地，不符合审批条件，所以驳回了刘某的申请。一筹莫展的刘某正不知如何是好时，规划局的小李告诉刘某，县里正在大力推行“绿色环保经济发展”，刘某的承包地临近水源，地理位置优越，可以种植商品林，一来可以获得政府的资金扶持与补助，二来商品林成材后，政府还可以帮忙联系销售渠道，刘某完全不用担心自己的收益。刘某在详细了解各种政策与情况后，立即决定将自己承包的土地发展成为商品林地。那么，什么是商品林？国家鼓励发展哪些商品林？

解析

商品林主要是指以生产木(竹)材和提供其他林特产品,获得最大经济产出等满足人类社会的经济需求为主体功能的森林、林地、林木,主要是提供能进入市场的经济林木产品。简单说,就是商品林产出的林木或是竹木可以采伐并可以在市场上进行售卖,能够实现种植人的经济利益。依据我国《森林法》第 47 条的规定,“国家根据生态保护的需要,将森林生态区位重要或者生态状况脆弱,以发挥生态效益为主要目的的林地和林地上的森林划定为公益林。未划定为公益林的林地和林地上的森林属于商品林”。本案中刘某承包的土地靠近水源,水草丰茂,再加上政府政策的大力扶持,发展商品林种植是非常好的创收选择。

依据《森林法》第 50 条的规定,国家鼓励发展生产木材、果品、油料、饮料、调料、工业原料、药材、燃料和其他生物质能源为主要目的的森林等商品林。本案中刘某可以根据所处的地理位置、水文气候等条件,发展如生产木材杨树、松树的种植或者是果品类的桃树、梨树、苹果树的种植等。当然,在充分保障生态安全的前提下,国家也鼓励建设速生丰产、珍贵树种林,高效地保障木材供给安全。

政策法律依据

《中华人民共和国森林法》第 47 条、第 50 条

69 明知是盗伐、滥伐的林木，还收购、加工、运输的，要承担怎样的法律责任？

疑惑

马某买了一辆卡车，专门负责在本市及周边跑运输。这天，同村的郑某找到马某说有一批木材需要用马某的车运到邻县的火车站装车，定好时间是晚上8点。马某依照约定将车开到了指定地点，在和郑某闲聊时得知，郑某的这批木材根本没有采伐许可证等正规手续，都是郑某组织人员盗伐的。因为当地林业资源丰富，这样盗伐林木的事情在当地时有发生，再加上这次郑某出手大方，运费是平时的2倍多，所以马某也就见怪不怪地没有多想。在装完货后，郑某也随车押运这批木材前往目的地，然而在半路上，马某、郑某被相关部门查获。那么，对于类似马某这样的情况，即明知是盗伐、滥伐的林木，还收购、加工、运输的，要承担怎样的法律责任？

解析

国家保护林业资源不受不法侵害，因此对于树木的采伐有明确的实体与程序性限定条件，即应当向相关部门申请办理采伐许可证，并依据批准的范围进行采伐。然而,在巨大的利益驱使下,往往有不法分子违背法律的规定进行盗伐、滥伐。国家为了有效遏制这类违法行为,对上下源头、帮助性行为也作出了禁止性规定,依据我国《森林法》第 65 条的规定,木材经营加工企业应当建立原料和产品出入库台账,任何单位和个人不得收购、加工、运输明知是盗伐、滥伐等非法来源的林木。这样规定能够有效地斩断不法利益的相关链条,缺少了收购、加工、运输的支持,那么即使盗伐、滥伐后,不法分子也无法把违法获得的木材变成现实的金钱利益,或者至少将大大增大他们变现的难度,切实地减少了针对森林资源的盗伐、滥伐等行为的发生。

本案中,马某在明知郑某的木材是盗伐木材后,仍然被利益所驱使,不顾法律的规定,替其运输,马某的行为已经触犯了法律的规定,依据《森林法》第 78 条的规定,可由县级以上人民政府林业主管部门责令停止违法行为,没收违法收购、加工、运输的林木或者变卖所得,并可以处违法收购、加工、运输林木价款 3 倍以下的罚款。

政策法律依据

《中华人民共和国森林法》第 65 条、第 78 条

70 可以占用草原盖房居住吗？

疑惑

内蒙古自治区的牧民马某，眼看着这几年草场治沙有成，植被丰沛的草原面积越来越大，就在没有办理审批许可手续的情况下，擅自在草场上建造了一处房屋，打算在此长期居住。马某的房屋面积共计 200 多平方米，严重破坏了原有草地。县草原局工作人员在巡查过程中发现了马某的违法行为，严正指出破坏草地违法行为的危害性和法律后果，并对其作出了《处罚决定书》，要求其限期拆除违法建筑，恢复草地原状，并处以罚款。马某觉得处罚不合理，疑惑很多草原旅游景点都盖了建筑物，为什么就自己的房子不合法呢？那么，马某是否可以占用草原盖房居住呢？

解析

草原作为生态屏障的重要资源，每一片草原都有专属的用途，必须依法依规利用草原，依据我国《草原法》第 40 条的规定，任何单位和个人在草原上修建临时设施的，都应当经县级以上地方人民政府草原行政主管部门审核同意，占用期限不得超过 2 年，并不得在临时占用的草原上修建永久性建筑物、构筑物。因此，案例中的马某在草原上建造永久性住房的行为是不合法的。

近年来，国家多次开展打击破坏草原和林地专项治理行动，严厉打击各类非法占用、开垦和污染草原林地不法行为，为生态环境保护提供了有力的保障。案例中《处罚决定书》作出的处罚内容也是完全符合《草原法》第71条规定的。《草原法》第71条明确规定，在临时占用的草原上修建永久性建筑物、构筑物的，由县级以上地方人民政府草原行政主管部门依据职权责令限期拆除；逾期不拆除的，依法强制拆除，所需费用由违法者承担。

本案中，如果马某拒不拆除违法建筑物，也不恢复草原原状，当地草原行政主管部门还可以依法强制拆除，代为恢复草原植被，产生的费用由违法者马某承担。也就是说，虽然马某并不存在破坏草原植被的恶意，但是其违法建筑的行为已经给草原造成了损害后果，使得多年的种草治沙成果被破坏，这就需要马某承担相应的法律责任，恢复草原原状，且其违法建筑的房屋因被拆除而产生的个人经济损失，是自行承担的。广大民众要深刻认识到草原保护的重要性和必要性，自觉做到保护草原完整性、爱草护草，不做损人害己的行为。

政策法律依据

《中华人民共和国草原法》第40条、第71条

71 可以在沙化的草原上采集草药吗？

疑惑

近年来，赵某家乡所在的草原因为气候干燥和植被破坏，出现了严重的土地沙化。面对这样的形势，当地政府组织了专门的工作队伍投身到抗沙、治沙、保护草原的事业中去，赵某也报名参加了。偶然的机会，赵某在与过路的药材商聊天时得知，在草原上常见的一种植物是名贵的中药材黄芪，而且内蒙的黄芪药效尤其好，能卖上好价钱。于是，赵某在跟着队伍治沙的过程中，也一路留心并采挖黄芪，等积攒了一定数量后，就联系那名中药商进行售卖。后赵某因为挖草药而赚钱的消息很快传到了带队领导那里，带队领导要求赵某立即停止采挖行为，并就此事向有关部门作了汇报。那么，可以在沙化的草原上采集草药吗？

解析

在草原上生长着许多种类的名贵药材，这些药材不但能治病救人，更能带来良好的经济收益。但是，值得警醒的是，中草药的挖掘工作也应秉持保护环境、合理有序的理念以及遵守相关的法律法规。依据法律的规定，并不是所有的草原都能进行中草药等植物采挖，我国《草原法》第 49 条规定，禁止在荒漠、半荒漠和严重退化、沙化、盐碱化、石漠化、水土流失的草原以及生态脆弱区的草原上从事采挖植物活动。这是因为相较于正常草原，这类草原生态系统显得尤其薄弱，如果继续任由采挖，那么本就薄弱的草原系统就有可能完全失守而变为彻底的沙地，即使将来能够得到治理，也需要耗费巨大的人力、物力成本。

回归本案，赵某家乡所在的草原已经是严重沙化的草原，法律严禁在这类草原上进行任何形式的植物采挖活动，赵某的行为已经触犯了法律的规定，依据《草原法》第 67 条的规定，对于赵某的违法行为由县级以上地方人民政府草原行政主管部门依据职权责令停止违法行为，没收非法财物和违法所得，可以并处违法所得 1 倍以上 5 倍以下的罚款。

政策法律依据

《中华人民共和国草原法》第 49 条、第 67 条

72 可以从草原上挖土垫地基盖房子吗？

疑惑

董某的儿子今年准备结婚，他决定在自家的土地上重新盖一栋 6 间的房子。针对董某提出的自家地处洼地容易内涝的事情,施工队长建议董某多买些土垫高地基。董某想到自己的朋友邵某承包了一片草场,自己可以免费到他那里拉几车土。取得邵某同意后,董某便开着自家的农用车来到邵某的草场,正在挖土装车的时候,恰好遇到了来附近草原检查指导的工作组人员,工作组人员见董某在草场上采土,立刻上前进行了询问。在发现董某没有审批手续后,立即制止了董某的违法行为,并对董某作出了处罚。请问,可以从草原上挖土垫地基盖房子吗?

解析

草原土壤的保持对植被保护具有重要作用,任何有关土地的挖掘、开采都不能避免对附着于上面的草原植被产生连带性的破坏。因此,对于所有涉及草原土地的施工或者开采行为都有着明确的、严格的审批性程序限定。依据我国《草原法》第50条的规定,在草原上从事采土、采砂、采石等作业活动的,除了应当获得草原使用者的同意外,还应当报县级人民政府草原行政主管部门批准,并且应当在规定的时间、区域内,按照准许的采挖方式作业,同时还应当采取保护草原植被的措施。

本案中,董某从事的是上述法律规定中的采土作业,因此除了征询并得到草原使用者邵某的同意外,还应当在采土前向县级人民政府草原行政主管部门进行申报批准,只有当两项条件均得到满足时,董某才可以从草原上挖土来垫自家地基,然而董某在无任何申请与批准的情况下擅自进行采土作业，是典型的违法行为，应受到法律的惩处。依据《草原法》第68条的规定，对于董某的违法行为应由县级人民政府草原行政主管部门责令停止违法行为，限期恢复植被，并对董某处2万元以下的罚款。

政策法律依据

《中华人民共和国草原法》第50条、第68条

73 在草原上开农家乐等旅游项目，破坏植被要承担怎样的法律责任？

疑惑

随着草原旅游的兴起，看准商机的吴某决定在老家开办一家农家乐旅店，主打民族风情民宿与草原烤全羊等民族特色菜。旅游旺季一到，大批量的客人陆续入住，吴某便觉得现在的规模远远不能满足客人的需求，于是就在超出原定的审批规划范围外，又私自扩建了自己的农家乐旅馆。每天忙于迎来送往的吴某自然是没有时间和精力注意到环境保护方面，再加上缺少有效地宣传引导与管理措施，不可避免地造成了草原植被的破坏。后管理部门在日常检查时发现了吴某的违法行为,对吴某进行了处罚。那么,在草原上开农家乐等旅游项目,破坏植被要承担怎样的法律责任?

解析

草原是地区生态系统的重要组成部分,在发挥生态环境作用的同时,也可以为当地居民带来经济效益。草原环境以其独有的广阔丰茂景象而受到许多人的喜爱,草原旅游已经逐渐成为一些地区的重要甚至支柱性产业。但围绕草原开展的如农家乐一类的旅游性经营活动,一旦宣传引导与保护不当,就会造成草原植被的破坏。依据我国《草原法》第 52 条的规定,在草原上开展经营性旅游活动,应当符合有关草原保护、建设、利用规划,并不得侵犯草原所有者、使用者和承包经营者的合法权益,不得破坏草原植被。

本案中,吴某的农家乐在建设之初是经过相关规划审批的,代表政府部门在综合论证之后认可了吴某的方案,吴某可以在草地上从事农家乐经营。但是后期吴某的私建,以及因为对环境保护的忽视而造成草原植被破坏的行为,均违反了我国法律的规定。依据《草原法》第 69 条的规定,对于吴某的违法行为,可以由县级以上地方人民政府草原行政主管部门依据职权责令停止违法行为,限期恢复植被,没收违法所得,可以并处违法所得 1 倍以上 2 倍以下的罚款。

综观本案带给我们的警示,无论是否是草原的承包经营者,如果想要围绕草原开展经营性活动，都应当将植被保护放在首要位置，时刻树立环保理念与责任意识。

政策法律依据

《中华人民共和国草原法》第52条、第69条

74 在草原上，可以随便开车吗？

疑惑

随着"国庆黄金周"假期临近，武某在好朋友白某的提议下，商定好自驾游前往内蒙古草原进行五天四夜的游玩，为此他们还特意租借了几辆大马力的越野车。抵达目的地后，面对着蓝天白云、广阔草原，武某等人心情都十分舒爽，感觉想要放飞自我。趁着家人们在准备午餐时，武某和白某合计，觉得这里地缘广阔，又没有牧民或者其他游人，正好可以自由自在地驰骋，二人干脆就分别把车开下道路，在这片草原上进行了一场追逐比赛。正当二人自顾自地你追我赶时，被巡视路过的管理员马某发现，马某立即上前制止，并上报了相关部门。那么，在草原上，可以随便开车吗？

解析

近年来，自驾游成了很多年轻人的旅游出行首选，但是长期处于非草原地区的人们可能并不太了解草原的重要性、脆弱性，开车在草原上出行的外力影响，会对草原植被造成严重的损害。为了有效地保护草原生态环境，法律对于某些可能造成草原植被破坏的行为作出了严厉的禁止性与程序性规定。依据我国《草原法》第 55 条的规定，除抢险救灾和牧民搬迁两种情况外，其他机动车辆是禁止离开道路在草原上行驶的，即使是从事地质勘探或者科学考察等活动确实需要离开道路在草原上行驶的，也需要提前向草原行政管理部门进行报告，并严格按照经过批准的报告行驶区域和行驶路线行驶。

本案中，武某和朋友白某等人前往草原旅游，有助于促进当地的经济发展，但是在放松自我的同时也应当遵守法律对于草原保护的规定。武某等人既非抢险救灾和牧民搬迁，也非提前经过批准的地质勘探或者科学考察，因此他们是无权任意离开道路，在草原上驾驶机动车的。

依据《草原法》第 70 条的规定，如果存在上述违法行为，可以由县级人民政府草原行政主管部门责令停止违法行为，限期恢复植被，并可以处草原被破坏前三年平均产值 3 倍以上 9 倍以下的罚款；如果给草原所有者或者使用者造成损失的，还应当依法承担赔偿责任。

政策法律依据

《中华人民共和国草原法》第 55 条、第 70 条

75 填埋湿地，是违法行为吗？

疑惑

某生态公园是一个湿地与森林相连接的公园，这里环境优美、景色宜人，集观赏、游玩和休闲等功能于一体，周围的居民在闲暇时都愿意来这里休息。但是近年来，人们发现该公园里的湿地面积却日渐减少，原来，公园里的很多湿地都被附近的农民擅自用沙土填埋，开垦为耕地，在上面种植粮食。那么农民擅自填埋湿地，是违法行为吗？

解析

湿地能够调节气候、涵养水源、维持生物多样性，具有独特的生态效益、环境效益和经济效益，被亲切地称为“地球之肾”，足见湿地资源对于人类共同家园的重要意义。因此，我国法律为了强化对湿

地资源的保护，采取专门立法的形式进行湿地管理、修复、检查和保护，尤其将破坏湿地纳入法律明令禁止的行为范畴。根据我国《湿地保护法》的规定，禁止任何人擅自破坏湿地及其生态功能，一旦有人违反该规定就会承担法律责任。在上面的案例中，农民擅自掩埋湿地的行为违反了《湿地保护法》的规定，相关主管部门将按照职责分工责令停止违法行为，限期修复湿地或者采取其他补救措施，没收违法所得，并按照被破坏的湿地面积，对其处以罚款等。

政策法律依据

《中华人民共和国湿地保护法》第28条、第54条

CHAPTER

7

第七章

种植、养殖、生产污染防治

76 什么是剧毒、高毒农药？ 其不能在哪些方面使用？

疑惑

随着生活水平的提高,人们对健康饮食也有了更高的需求。张某发现花生油的市场需求越来越大,花生种植前景广阔,他便承包了百亩良田搞花生种植。他听说比久有防止落花、促进结实、确保稳产增产的奇效,就将此农药用在花生种植上。花生收获后,某粮油厂来谈合作,但经质量检测发现花生中含有致癌物比久成分,而比久是国家禁止使用的剧毒、高毒农药,粮油厂遂拒绝采购张某的花生。那么,什么是剧毒、高毒农药？其不能在哪些方面使用？

解析

农药产品毒性按急性毒性分级,经口半数致死量(mg/kg)小于或等于5为剧毒,大于5~50为高毒。剧毒、高毒农药对人、牲畜和环境危害很大,根据《农药管理条例》第34条和第60条第3项的规定可知,剧毒、高毒农药不得用于防治卫生害虫,不得用于蔬菜、瓜果、茶叶、菌类、中草药材生产,不得用于水生植物的病虫害防治。

本案中，张某种植花生时使用国家禁止使用的高毒、剧毒农药比久属于违法行为，根据《农药管理条例》第60条的规定，应受到1万元以下罚款的处罚，如果流入市场造成他人人身财产损失，构成犯罪的，还将会承担刑事责任。某粮油厂拒绝收购该批花生的行为是正确的，值得提倡。

为了生产无公害食品，保障人民生命健康，农药使用者应实时关注国家禁限用农药名录，依法依规使用农药；农业管理部门要加强管理，保障农业生产用药，把人畜安全和环境保护放在重要位置。

政策法律依据

《农药管理条例》第34条、第60条

77 农药包装可以随便扔吗？

疑惑

近年来，各地乡村旅游蓬勃发展，李某抓住商机，在村里承包了一片樱桃园，到了樱桃成熟的季节，采摘生意红红火火。为了创造舒适的采摘环境，李某花了很多心思，喷洒除草剂抑制杂草生长。由于果园面积大，每次除草都会产生大量的农药包装，李某把农药包装集中扔在果园外河道附近。那么请问，农药包装可以随便扔吗？

解析

使用后的农药包装会有农药残留成分，随意丢弃会造成土地环境的污染，同时也不符合分类处理垃圾的相关规定。根据《农药管理条例》第35条、第37条和《农药包装废弃物回收处理管理办法》第19条的规定，农药使用者有按规定回收农药废弃物的法定义务，不得在饮用水水源保护区、河道内丢弃农药、农药包装物或者清洗施药器械。

本案中，李某将除草剂的包装集中堆放在果园外河道附近的做法，污染了水源、土地，这种做法是不符合法律规定的。根据《土壤污染防治法》第88条的规定，李某会受到200元以上2000元以下的罚款处罚。

保护环境、维护人畜生命健康，人人有责，作为农药使用者要增强合理、合规、合法使用农药的意识，必须做到及时回收并无公害化处理农药废弃物。各地农业农村主管部门都会加强对农药使用、回收农药废弃物的监管，一旦被查处，农药使用者就将面临罚款的处罚，既污染了环境又遭受损失赔偿，百害而无一利。

政策法律依据

《农药管理条例》第35条第1款、第37条
《农药包装废弃物回收处理管理办法》第19条
《中华人民共和国土壤污染防治法》第88条

78 使用完的废弃农用薄膜，可以随意丢弃在荒沟吗？

疑惑

郭某种植草莓多年，他发现只要把握好覆盖薄膜的时机，草莓不仅成熟早，而且好吃又好看。郭某掌握了这门种植技术后，扩大了种植规模，批量使用农业薄膜，但每到草莓上市后郭某就为处理这些薄膜发愁，焚烧污染环境，就地掩埋污染土地。郭某为了眼不见心不烦，就把薄膜运送到人迹罕至山里的荒沟。那么，使用完的废弃农用薄膜，可以随意丢弃在荒沟吗？

解析

农用薄膜对农业生产发挥着非常重要的作用，但是它属于不可分解塑料，随意处理废弃薄膜会造成环境污染。根据《农用薄膜管理办法》第 14 条、第 15 条的规定，农用薄膜应按规定回收，不得随意弃置、掩埋或者焚烧。

本案中，郭某意识到焚烧、掩埋薄膜是不妥当的做法，但他选择了丢弃在荒沟里，这种做法也是不符合规定的，郭某应该主动交至回收网点。对于郭某的违法行为，根据《农用薄膜管理办法》第 24 条和《土壤污染防治法》第 88 条的规定，郭某将受到 200 元以上 2000 元以下的罚款处罚。

实践中，农业农村主管部门要做好宣传引导，让农民了解废旧农膜污染的危害，提高保护环境的意识；农民要积极配合，按规定主动做好农膜回收。

政策法律依据

《农用薄膜管理办法》第 14 条、第 15 条、第 24 条

《中华人民共和国土壤污染防治法》第 88 条

79 办畜禽养殖场应该符合怎样的动物防疫条件？

疑惑

张某原来一直在外做生意，因新冠肺炎疫情影响，生意亏损严重。于是，张某决定转行，他发现自己的姑父养猪非常赚钱，因此，在与妻子商量后，张某准备在村子里租个场地办养猪场。为此，张某专门到他姑姑家，向姑父请教了一些养猪的经验。张某的姑父吴某也非常耐心地给他讲解了承办养猪场需要准备的一些证件以及相关的办理手续。吴某向张某强调，要办理养猪场，首要的条件是必须符合动物防疫条件。否则，一旦不符合条件，就可能受到处罚。张某听了之后，觉得姑父说得太夸张了。那么请问，办畜禽养殖场必须符合哪些动物防疫条件？

解析

张某姑父的说法是正确的。我国《动物防疫法》第24条规定，动物饲养所应当具备以下防疫条件：(1)场所的位置与居民生活区、生活饮用水水源地、学校、医院等公共场所的距离符合国务院农业农村主管部门的规定；（2）生产经营区域封闭隔离，工程设计和有关流程符合动物防疫要求；（3）有与其规模相适应的污水、污物处理设施，病死动物、病害动物产品无害化处理设施设备或者冷藏冷冻设施设备，以及清洗消毒设施设备；（4）有与其规模相适应的执业兽医或者动物防疫技术人员；（5）有完善的隔离消毒、购销台账、日常巡查等动物防疫制度；（6）具备国务院农业农村主管部门规定的其他动物防疫条件。养殖业是我国农业的重要组成部分，但是一旦发生动物疫病将会对动物和人的健康造成威胁。所以，我国法律明确规定了饲养动物必须符合一定的防疫条件。

在上面的案例中，张某要办养猪场，必须符合上述法律规定的防疫条件，并取得动物防疫证。我国实行动物防疫条件审查制度，根据该法第 25 条的规定，如果未取得动物防疫证就开设养殖场的，可能会被责令改造，并处以 3000 以上 3 万元以下的行政罚款，情节严重的，还可能被处以责令停业整顿，并处 3 万元以上 10 万元以下罚款。

政策法律依据

《中华人民共和国动物防疫法》第 24 条、第 25 条、第 98 条

80 办养殖场应该具备哪些条件？ 应当避开哪些地方？

疑惑

2021 年 10 月，贺某准备与自己的好朋友朱某合资开办一个养鸭场，选好场地后，便开始请工人修建养殖场。可是，在准备动工时，当地的村委会找到他们，称他们不能在此处修建养殖场。贺某询问原因，村委会的工作人员告诉他，这里距离村子里的小学非常近。一旦他们成立养殖场，会产生非常大的异味，影响平日里的学校教学生活。而贺某和朱某认为，村委会的说法是错误的，在他们看来，只要养殖场符合法律规定的条件即可。那么请问，办理养殖场需要符合哪些条件呢？村委会工作人员的说法是否正确？

解析

关于办理养殖场的条件，《畜牧法》第 39 条规定了办理养殖场必须具备的条件：（1）有与其饲养规模相适应的生产场所和配套的生产设施；（2）有为其服务的畜牧兽医技术人员；（3）具备法律、行政法规和国务院畜牧兽医行政主管部门规定的防疫条件；（4）有对畜禽粪便、废水和其他固体废弃物进行综合利用的沼气池等设施或者其他无害化处理设施;(5)具备法律、行政法规规定的其他条件。

同时,该法第40条和《畜禽规模养殖污染防治条例》第11条规定也明确了养殖场应当避开的地方,包括:(1)饮用水水源保护区,风景名胜区;(2)自然保护区的核心区和缓冲区;(3)城镇居民区、文化教育科学研究区等人口集中区域;(4)法律、法规规定的其他禁止养殖区域。法律之所以规定养殖场应当避开的地方,是因为畜禽的粪尿污水等废弃物会产生大量的臭气,会污染养殖场附近的空气。若离引用水源近,可能会导致水质不断恶化,进而出现土壤自净能力降低而引起的水污染、土壤污染。因此,法律明确规定了修建养殖场应当具备的条件以及应当避开的地方。

在上面的案例中,虽然贺某与朱某的养殖场具备了法律规定的条件,但是,该养殖场在小学附近,养殖场产生的大量臭气会影响学校的正常教学生活。故村委会阻止其在此处修建养殖场的做法是正确的。

政策法律依据

《中华人民共和国畜牧法》第39条、第40条

《畜禽规模养殖污染防治条例》第11条

81 什么是畜禽养殖废弃物？可以直接排放到环境中去吗？

疑惑

王某是某村村民，其一直种植果园。2021年，由于当地出台了扶持养殖业的政策，王某觉得自己可以在果园旁边修建一个养鸡场，这样既可以管理果园，又可以发展自己的养殖业，一举两得。2022年3月，王某便开始建造经营自己的养鸡场。可是，王某将养鸡场中的废弃物直接都排放到了果园附近的河里，导致周边都是恶臭。为此，附近其他的果农告诉王某，其养殖场产生的废弃物未经处理就直接排放到河里的行为是违法的，要求他立刻采取相关措施，否则，大家就要向上级部门反映。那么请问，什么是畜禽养殖废弃物？可以直接排放到环境中去吗？

解析

畜禽养殖废弃物，是指禽畜养殖场排放的禽畜粪便、废饲料、禽畜舍垫料、禽畜尸体及畜禽散落的毛羽等固体废物。根据我国《畜禽规模养殖污染防治条例》第20条的规定，畜禽养殖废弃物向环境排放必须经过处理，并且必须符合国家和地方规定的污染物排放标准和总量控制指标。未经处理的畜禽养殖废弃物，不得直接向环境排放。由于畜禽养殖废弃物可能会造成大气污染、水污染、土壤污染等，甚至会引起人畜共患疾病的风险。所以，为保护环境，法律明确规定，畜禽废弃物不能未经处理就向环境排放。

在上面的案例中，王某养鸡场的废弃物未经处理而直接被排放是违法的。王某应当立刻停止此种行为。否则，根据法律的规定，排放畜禽养殖废弃物不符合国家或者地方规定的污染物排放标准或者总量控制指标，或者未经无害化处理直接向环境排放畜禽养殖废弃物的，由县级以上地方人民政府环境保护主管部门责令限期治理，并处 5 万元以下的罚款。

政策法律依据

《畜禽规模养殖污染防治条例》第 20 条、第 41 条

82 对于患了疫病的畜禽，养殖户可以随便丢弃到远离村庄的荒地吗？

疑惑

周某是某村的养殖大户，多年来一直从事养殖业。2021年4月，周某又新购入了一批乌鸡，准备养大后再卖出。然而，由于未及时注射疫苗，有几只乌鸡不久后感染禽流感死亡。于是，周某便马上安排工人为剩下的乌鸡注射疫苗，同时，让刚刚入职的工人老方将死亡的乌鸡丢弃到了距离村庄较远的荒地里。老方照办拉着死去的乌鸡去了荒地。那么请问，对于患了疫病的畜禽，养殖户可以随便丢弃到远离村庄的荒地吗？

解析

养殖户不能将病死的畜禽随意丢弃。对此《动物防疫法》第57条和《畜禽规模养殖污染防治条例》第21条规定，从事动物饲养、屠宰及动物产品生产、经营、加工、贮藏等活动的单位和个人，应当按照国家有关规定做好病死动物的无害化处理，或者委托动物和动物产品无害化处理场所处理，不能直接将病死的动物随意丢弃。患有疫病的畜禽，必须经过处理，否则很可能会导致其他动物甚至是人类被感染疫病。因此，为了保障生态环境以及人们的身体健康与生命安全，法律强制要求养殖户必须将病死的动物进行专业化处理。

在上面的案例中，周某和老方等人应当将病死的乌鸡进行焚烧或者深埋等无害化处理，以避免其再导致其他动物患病。同时，根据《畜禽规模养殖污染防治条例》第 42 条的规定，若他们不按规定处置死亡的乌鸡，则可能会被动物卫生监督机构责令无害化处理，甚至会面临 3000 元以下罚款的行政处罚。由此可见，作为养殖农户，必须严格按照法律规定处理病死的畜禽，这既是保护自己，也是保护环境以及他人的健康。

政策法律依据

《中华人民共和国动物防疫法》第 57 条

《畜禽规模养殖污染防治条例》第 21 条、第 42 条

83 农户发现养殖的畜禽莫名死亡的，应该怎么办？

疑惑

老葛承包了村里的一处水塘，已经在水塘投入鱼苗。他按照乡镇农业中心专家的养殖指导，定期加新水、收拾水藻、打捞自然死亡的鱼，养殖情况良好。但是某日，老葛突然发现鱼塘里出现了成片的死鱼，已经超过鱼塘养殖正常的死亡率，他一时慌了神，不知该如何是好。那么，对于养殖的畜禽莫名死亡的，农户应该怎么办呢？

解析

莫名死亡的畜禽属于死因不明的动物，有可能存在潜在的疫病风险。面对携带病原体的潜在风险，养殖户应该承担从源头防控动物疾病的责任，即养殖户除了要规范养殖行为外，还应遵守法律对死因不明动物处置的规定。依据《病死及死因不明动物处置办法（试行）》第3条和第4条的规定，农户发现养殖的畜禽莫名死亡的，应当履行立即报告的义务，做好临时看管工作，并不得随意处置。通过对畜禽莫名死亡事件的及时反映和控制,阻止潜在病原体的传播,保证养殖活动的正常进行,保障人民群众的生命健康。

如果有关部门发现农户没有及时上报死因不明动物的或者随意处置动物死亡事件造成动物疫情的,依据《动物防疫法》第 98 条的规定,未及时报告动物死亡事件的,县农业局可责令其改正,处 1 万元以下罚款;拒不改正的,处 1 万元以上 5 万元以下罚款,并可以责令停业整顿。随意处置死因不明动物的,将会被责令改正,处 3000 元以上 3 万元以下罚款;情节严重的,责令停业整顿,并处 3 万元以上 10 万元以下罚款。

在上面的案例中,老葛发现自家鱼塘的鱼苗突然大面积死亡后,应当及时上报当地政府有关部门,听从工作人员的处置安排,切不可随意处置死亡鱼苗。

政策法律依据

《病死及死因不明动物处置办法(试行)》第 3 条、第 4 条

《中华人民共和国动物防疫法》第 98 条、第 108 条

84 畜禽养殖污染防治设施有哪些？ 修建该设施可以申请什么补助？

疑惑

老王准备在村南建造一个大规模的养鸡场，考虑到每个养殖周期累积的粪污以及废水已经超过了分散养殖可以自然排放的标准，因此，他在考虑是自行建设排污设施还是委托其他机构进行废弃物处理。虽然委托其他机构比较省事，但他听说修建污染防治设施可以申请相应的补助，这也能够抵销部分成本。最终他决定自行在养殖场修建防污设施。那么畜禽养殖污染防治设施有哪些？修建此类设施可以申请哪些补助呢？

解析

畜禽养殖产生的粪污和废水本身不是污染物，散户饲养的少量畜禽产出的粪污等可以通过简单堆肥的方式成为农肥。但是成规模的养殖场集中排出的养殖废弃物在一定程度上超出了区域环境的承载力和自净能力，因此会成为环境污染的污染源。故法律规定新建或扩建养殖场、养殖小区应当进行环境影响评价，同时根据养殖规模和污染防治的需要，建设相应的畜禽养殖污染防治设施或者按规定委托有资质的机构代处理。

若养殖场要自行建设防污设施，可修建畜禽粪便、污水与雨水分流设施，畜禽粪便、污水的贮存设施，粪污厌氧消化和堆沤、有机肥加工、制取沼气、沼渣沼液分离和输送设施，污水处理、畜禽尸体处理等综合利用和无害化处理设施，并保证建成投入使用，而不是糊弄检查。若未修建相应的防污设施或者委托其他机构代为处理，但委托事项不合格，养殖场地不得投入生产或使用。

对于积极修建畜禽养殖污染防治设施的，国家不仅对采购防治设施提供补贴，还对污染治理采取“以奖促治”的鼓励政策，提供治理所需的贷款贴息补助。如果老王规模化养殖生猪，国家还实施生猪规模化养殖场建设补助项目，专门针对粪污处理、养殖环境控制等设施提供中央补贴。

政策法律依据

《畜禽规模养殖污染防治条例》第 13 条、第 28 条

《国家发展改革委办公厅、农业农村部办公厅关于〈做好稳定生猪生产中央预算内投资安排工作的通知〉》

85 农户的养殖场因染疫而无害化处理牲畜的，成本全由自己承担吗？

疑惑

老胡的养殖场突遭禽流感，30多头生猪死了将近一半，剩下的生猪也有了感染迹象，出现发热、呕吐、溃烂等症状。对于已经死亡的猪，老胡一开始想要拉到村外野地浅埋，在乡镇动物疾病控制中心工作人员的指导下，老胡认识到不规范处理可能造成的危害。因此，表示愿意配合对养殖场的生猪全部进行无害化处理。但是考虑到无害化处理造成的损失和需要的成本，他又有些犹豫。请问，农户的养殖场因染疫而无害化处理牲畜的，成本全由自己承担吗？

解析

染疫动物及其尸体会携带病原体，因此对染疫动物及尸体进行规范处理是灭杀疫源头、防止疫病隐患和阻止疫病传播的重要措施。按照《畜禽规模养殖污染防治条例》第33条的规定，国家鼓励对染疫畜禽、病死或者死因不明畜禽尸体进行集中无害化处理，常见的无害化处理手段包括石灰土掩盖身体后深埋、焚化炉或焚化坑焚化、高温炼油及堆肥发酵。但是采取无害化处理措施会产生挖掘、采购焚化设备、委托处理等成本,对于养殖户来说,可能承担不起全部的无害化处理成本。因此,国家规定对处理费用及可能产生的养殖损失给予适当补助,以支持养殖户规范处理疫病。也就是说,农户的养殖场因染疫而无害化处理牲畜的,成本不全由自己承担,各级政府的补贴将保障养殖户依规进行无害化处理。

上面的案例中,老胡的养殖场出现了禽流感,其配合乡镇动物疾病控制中心进行无害化处理的做法是正确的,因处理病死生猪产生的成本并非全部由他个人承担,政府会给予一定的补助。

政策法律依据

《畜禽规模养殖污染防治条例》第 33 条

《中华人民共和国动物防疫法》第 60 条

《农业农村部、财政部关于进一步加强病死畜禽无害化处理工作的通知》

86 什么是进一步削减污染物排放量协议？养殖场对自愿与环境保护主管部门签订该协议的，可以获得什么优惠？

疑惑

陈某的养殖场排放的粪污等废弃物一直按照法定标准排放，最近，他在市场上寻得了一款价格适宜的化粪罐，可以就地无害化处理养殖场的废弃物。这样一来，在养殖数量不变的情况下，向环境排放的污染物可以进一步下降，可以有效节约养殖成本。之后，他主动联系环保部门，表示想和环保部门签订进一步削减污染物排放量协议。那么，什么是进一步削减污染物排放量协议？养殖场自愿与环保部门签订该协议的，可以获得什么优惠呢？

解析

规模化养殖场形成的废弃物在超过国家规定的排放标准时会累积污染环境，形成臭气污染、水污染、土壤污染等环境问题。为了鼓励养殖户积极寻求减排方式，减少污染物的排放，国家对主动减排的养殖户给予奖励，为落实奖励和资金扶持，养殖户需与环保部门签订明确的进一步削减污染物排放量协议,并确保养殖场达到减排目标。

进一步削减污染物排放量协议是在达标排放污染物的基础上,进一步与有关部门达成并遵守降耗、减污约定的协议。养殖场与环保部门协商后自愿签订该协议的,由县级政府给予奖励,并将减排的养殖户纳入环境保护和畜禽养殖发展财政资金支持的范围,在有政策扶持的时候优先惠及签订协议的养殖户。

还需注意的是,进一步削减污染物排放量标准协议签订的基础是养殖场达标排放,这里的"达标"包括达到污染物排放标准和总量控制标准。如果养殖户单日污染物排放标准未超过国家规定,但是周期检测时累积排放的污染物超过了总量控制指标,是没有签订削减协议的资格的。同样的道理,养殖户有意在总量控制范围内,偶尔超过单日污染物排放标准的,同样没有签订资格。

政策法律依据

《畜禽规模养殖污染防治条例》第 34 条

87 使用有机肥对环境有哪些好处？ 农户使用有机肥的，有怎样的奖补？

疑惑

老王盖了6个蔬菜大棚,他听人说化肥残留物蒸发后会使大棚内的气温升高,不利于控制棚内气温,为了防止化肥撒在蔬菜上把蔬菜苗灼伤,他便决定蔬菜大棚里施用本村养殖场生产的有机肥,在露天农地中使用化肥,以最大限度地发挥肥料的作用。而且,他还听说国家有鼓励使用有机肥的惠农政策,就决定以后慢慢减少化肥的使用而增加有机肥的使用。那么,使用有机肥对环境有哪些好处呢?农户使用有机肥的,有怎样的奖补呢?

解析

有机肥主要来源于植物或动物,主要是通过加工动植物废弃物或者动植物残体,消杀原物体中的病菌等有毒有害物质,保留有机生物本来的有益物质。使用有机肥有利于作物的绿色培养,对于环境而言,可以减少化学物质沉积带来的土壤污染或者化学物质飘散引发的空气污染和水污染。而且,经常施用有机肥会增加土壤中的有机质含量,不仅能降低土壤中的有毒物质含量,也减轻了重金属对土壤的污染。

鉴于施用有机肥给环境带来的种种好处,国家鼓励农户使用有机肥。《畜禽规模养殖污染防治条例》第30条规定,使用畜禽养殖废弃物资源化为有机肥产品的,享受国家补贴的优惠政策。实践中,北京、江苏、上海、浙江等省、市相继出台了农民施用商品有机肥补贴的政策,鼓励农民增施有机肥,实现耕地保护与质量提升,具体补贴标准每吨补贴150~480元不等。

政策法律依据

《畜禽规模养殖污染防治条例》第30条第1款

《农业农村部对十三届全国人大一次会议第2357号建议的答复》

88 个人可以养野生动物吗?

疑惑

虽然在"村村通"政策下,老杨村里也有了方便的水泥路,但是老杨习惯上山的时候用自家耐力好的毛驴。某日,他听说藏野驴身长体宽，可以搭载很多东西，便想养两只。由于是第一次养这种驴，听说还是高原上的重点保护野生动物，他便困惑了。请问，个人可以养野生动物吗？

解析

野生动物是珍贵的生物资源，对维护生物多样性和生态系统的平衡有着重要意义，野生动物常年在野外生存，是诸多病原体的携带者，对疫病防控影响重大。因此，国家出台《野生动物保护法》将野生动物的保护和监管纳入法律框架，其中对野生动物管理方面，国家编制了重点保护野生动物名录，指导人们关注野生动物，保护野生动物和其栖息地。

为了加强对野生动物繁育的监管，国家还规定了野生动物人工繁育许可制度，即个人不得未经同意擅自饲养野生动物，个人应依法向野生动物保护主管机关申请取得相应的人工繁育证来开展个人的饲养行为。个人申请繁殖野生动物许可证的，应准备适宜繁殖的固定场所和必需的设施，配备专业人员、掌握专业技术，并保证繁殖野生动物的饲料来源有保证。如果个人未持证饲养野生动物的，县级动物保护主管单位可以没收野生动物及其制品，并处野生动物及其制品价值1倍以上5倍以下的罚款。

在上面的案例中，藏野驴被纳入国家重点保护野生动物名录，故老杨不能私自养藏野驴。应该经过县级动物保护主管部门许可，持证饲养，并遵守有关规定，关心和支持野生动物保护事业，保证野生动物来源合法，不私自贩卖，依规建立野生动物驯养繁殖档案，接受野生动物主管部门的监督检查和指导。

政策法律依据

《中华人民共和国野生动物保护法》第28条、第47条

89 放生野生动物也有“讲究”吗？

疑惑

小詹在朋友家中看到朋友鱼缸中放了几个“田螺状”的壳类动物，朋友解释说虽然这与田螺很像，但并不是田螺，而是寓意福乐安康的福寿螺，是爷爷在野外偶然发现并带回来的，等养大了就去放生，以祈求“福”与“寿”。小詹在查阅相关资料后告诉朋友，福寿螺属于野生动物，对野外环境有着较大的影响，不能随意放生。那么试问，放生野生动物也有“讲究”吗？

解析

群众放生的野生动物可能是无意间跑到聚居区的，也可能是居民饲养过的，但无论是善意放生还是随手放生，群众对野生动物本身所需要的生存环境和放生区域的环境因素都缺乏专业的认识。自行放生的野生动物要么因为适应不了新环境而逐渐死亡，要么因繁殖能力超强而对放生区域的生态环境造成毁灭性打击。因此，《野生动物保护法》对放生行为作了规制，《野生动物保护法》第38条规定，任何组织和个人将野生动物放生至野外环境，应尽到选择合适的放养地、不扰乱放生区域社会秩序、不对生态环境造成危害的义务。如果因放生野生动物而造成他人财产、人身或者生态系统损害的，应当承担相应的侵权责任。

需要注意的是，群众放生的野生动物极有可能是外来入侵的物种，对农田、森林、草地等的打击会更大。因此，无论是案例中小詹的朋友还是我们其他人，都应该在掌握了野生动物的基本情况后放生，或者寻求公安机关及野生动物主管部门的帮助，在专业人员指导下放生。

政策法律依据

《中华人民共和国野生动物保护法》第38条

CHAPTER

8

第八章

新农村、美丽乡村建设

90 什么是厕所革命？ 其主要措施有哪些？

疑惑

随着“美丽中国建设”的不断推进，国家对农村人居环境迈上新台阶提出了新要求。针对农村人居环境中突出的传统旱厕以及不规范的露天厕所带来的臭气、垃圾污染等问题，国家提出要在农村推进“厕所革命”。某村居委会为了落实“厕所革命”的安排，要求村民积极改造厕所，减少厕所脏乱差的情况。村民们表示一定支持，但是对“厕所革命”这个新词感到疑惑。那么，什么是厕所革命？“厕所革命”行动的主要措施包括哪些？

解析

关于在农村地区实施“厕所革命”专项行动，主要目的从优化农村生态环境和推进新农村建设两方面出发。第一，通过厕所革命，规范粪污集中处理，充分利用粪污的有机肥料，减少传统厕所对生态环境造成的空气污染、土壤污染及固体废物污染等影响；第二，通过厕所改革，净化传统旱厕等造成的卫生环境，优化农村人居条件，助力乡村建设与乡村振兴。综合来看,厕所革命是以保护环境和提升村民居住条件为目标,在各级政府的指导下,加快推进农村新型厕所建设,引导农民群众养成良好如厕和卫生习惯的行动。

对于村民来说,“厕所革命”行动的主要措施包括:第一,因地制宜改造厕所,如露天厕所加顶、传统厕坑分格、公共厕所疏通水道等;第二,做好厕所粪污收集和再利用,如建设化粪池、在粪污表层覆盖草木灰、秸秆粉末等以防止臭气、通过抽排设施集中转运处理、集中转化为有机化肥等;第三,与农村生活污水治理系统相衔接,如通过增设管道将厕所污水接入生活污水处理系统,集中收纳厕所废水进行堆肥等;第四,加强卫生厕所日常管护,对于公共厕所应加配管理人员、保障厕纸提供、提高打扫频率等;第五,做好农村厕所卫生防疫,如添加菌剂以杀灭有害细菌、定期对厕所内的蚊蝇进行扑杀以减少病原传播等;第六,养成文明如厕的好习惯,要养成厕纸入篓、人走即冲、按指导上厕所等好习惯,人人做到维护厕所卫生。

政策法律依据

《农村人居环境整治提升五年行动方案(2021—2025年)》

91 厕所革命会给我们带来哪些好处？

疑惑

某村积极落实"厕所革命"行动的要求，厕所在外的尽量内移、传统厕坑改造成冲水式、建设集中化粪池等。村民们都感受到厕所规范运行后臭气闻不到了、废污见不到了、如厕更方便了，这让村民们居住的幸福感不断提升。那么，厕所革命会给我们带来哪些好处呢？

解析

民生小事大情怀，厕所虽小大文明。针对乡村厕所跟不上新农村建设步伐的状况，习近平总书记指出，厕所问题不是小事情，是城乡文明建设的重要方面，不但景区、城市要抓，农村也要抓，要把这项工作作为乡村振兴战略的一项具体工作来推进，努力补齐这块影响群众生活品质的短板。就厕所革命给农民群众带来的好处，包括：第一，改善农村人居环境。专注厕所环境这一民生小事，从细节处改善农民的居住条件，提升农民群众生活的质感和幸福感。第二，建设美丽宜居乡村。通过技术支持新型厕所的建设和大力改造传统厕所，减少臭气、废污等对农村环境的影响，提升空气质量、优化农村整体的生态环境，促进人与自然和谐共处。第三，提高有机肥利用率。通过厕所粪污的治理,建设沤肥池或粪肥周转储存池,解决农业生产季节性用肥需求问题。第四,强化厕所卫生疾病的防控。粪便中带有致病微生物和大量寄生虫卵,不卫生的厕所很容易造成粪便污染水的情况,导致肠道传染病如腹泻、痢疾或其他寄生虫病。因此,通过改造厕所,减少病原体与外界的接触,减少病原体传播的途径。

政策法律依据

《中央农办、农业农村部、卫生健康委、住房和城乡建设部、文化和旅游部、发展改革委、财政部、生态环境部关于推进农村"厕所革命"专项行动的指导意见》

92 在推动村容村貌整体提升方面,村民应该怎么做?

疑惑

某县布置"美丽乡村"计划,倡导各村村民自觉收拾家门口堆放的杂物,以腾出道路空间,方便行人和车辆流动,塑造新时代的"六尺巷"模范。乡政府在验收某村村容改造行动时,评某村为优秀,激励大家更加主动美化村容村貌。那么，在推动村容村貌整体提升方面，村民应该怎么做？

解析

改善农村人居环境，是以习近平同志为核心的党中央从战略和全局高度作出的重大决策部署，是实施乡村振兴战略的重点任务，事关广大农民根本福祉，事关农民群众健康，事关美丽中国建设。除了有效治理厕所粪污和生活污水、无害化处理生活垃圾外，提升村容村貌也是改善农村人居环境的重要方面。

对于村民而言，应该从以下三方面对改善村容村貌贡献一份力量：第一，改善村庄公共环境。村民的行动应该以不妨碍公共场所发挥作用为前提，因此为了充分保障村庄公共环境的整洁有序，村民应该不私搭乱建、乱堆乱放，应腾出公共空间；同时不能阻塞防汛、防火等应急设施。第二，推进乡村绿化美化。村民可以在自留山、自留地种植树木等以增加村庄的绿植面积，也可以在庭院栽植果蔬、花草，美化院落环境；或者于农田附近修建防护林，在防风固沙、防范流沙的同时绿化环境。第三，加强乡村风貌引导。村民可以积极建议村委会编制符合本村特点以及本村文化的守则，在此基础上自觉遵守公约守则，保持村容村貌，弘扬村落的优秀文化。

政策法律依据

《农村人居环境整治提升五年行动方案（2021—2025年）》

93 垃圾分类有哪些好处？ 如何进行垃圾分类？

疑惑

当前，全国各大城市和广大农村都在积极开展推广垃圾分类，将不同种类的垃圾分类投放、分类处理，在新冠肺炎疫情当下既有益于其二次传播的风险管控，也利于城市环境的维护。但是，长期以来，我们的垃圾回收模式都是居民投放在同一地点后，再由垃圾站进行简单分类，对于产生垃圾的主体直接分类投放，还需要相关部门的宣传引导。那么，垃圾分类有哪些好处？如何进行垃圾分类？

解析

垃圾分类可以有效加强垃圾管理，改善城乡环境，提高居民生活质量。而对垃圾进行有效迅速的处理，避免了垃圾长期堆放造成的地下水、土壤、空气等污染，能够最大限度地保障人们的身体健康。对垃圾进行分类管理，则可以充分利用可循环可回收垃圾，实现垃圾变废为宝，促进经济社会可持续发展。

为进一步加强垃圾分类实践,《城市市容和环境卫生管理条例》第28条规定,一切单位和个人,都应当依照主管部门规定的时间、地点、方式,倾倒垃圾、粪便。对城市生活废弃物应当逐步做到分类收集、运输和处理。该条例的规定为垃圾分类收集提供了法律层面的支持,各地政府应当加大宣传力度,培育垃圾分类的法律意识和宣传氛围。

那么,垃圾该如何分类呢?当前我国并没有统一的方式方法,我们可以借鉴事实垃圾分类成效显著的北京、上海等地的方法规划本地的方案。《北京市生活垃圾管理条例》第34条规定,按照厨余垃圾、可回收物、有害垃圾、其他垃圾的分类,分别投入相应标识的收集容器;居民装饰装修房屋过程中产生的建筑垃圾,按照指定的时间、地点和要求单独堆放。《上海市生活垃圾管理条例》第4条规定,垃圾分类标准基本分为"可回收物、有害垃圾、湿垃圾、干垃圾"四大类,并且可以根据经济社会发展水平、生活垃圾特性和处置利用需要予以调整。综合上述经验办法,垃圾分类基本上是可以通过设置不同标志的垃圾桶,取代以往单一的垃圾桶样式,方便群众通过垃圾桶的颜色、标志、文字等判断垃圾的投放,从而实现分类收集。

政策法律依据

《城市市容和环境卫生管理条例》第28条

94 在全面提升农村生活垃圾治理水平上，应从哪些方面深入？

疑惑

随着新农村建设的逐步深入，农村生活垃圾治理成为美丽乡村建设的一项重要内容。由于农村居住相对分散，专门从事卫生日常维护的人员不足，主要生活垃圾也有别于城镇区域，比如常见的是动物粪便、煤渣等，这就决定了农村生活垃圾治理不能照搬、照抄城镇垃圾桶分类标识方案。农村生活垃圾处理需要充分考虑农村特点、农民习惯、垃圾种类及简易程度等各个方面，可以说是个系统的大工程。那么，在全面提升农村生活垃圾治理水平上，应从哪些方面深入？

解析

关于全面提升农村生活垃圾治理水平，在国务院办公厅发布的《农村人居环境整治提升五年行动方案(2021—2025 年)》第 4 条中明确规定，既需要健全生活垃圾收运处置体系，又需要推进农村生活垃圾分类减量与利用。其中，生活垃圾收运处置体系包括了农村生活垃圾收集、转运、处置等环节,这一环节与城镇生活垃圾的处理方式大同小异。

而推进农村生活垃圾分类减量与利用,则是更加需要深入开展的,其中包括:推进农村可回收垃圾资源化利用、易腐烂垃圾和煤渣灰土就地就近消纳,有效实现垃圾减量;推进农村有机生活垃圾、厕所粪污、农业生产有机废弃物资源化处理利用;推进废旧农膜、农药肥料包装废弃物回收处理等。

政策法律依据

《农村人居环境整治提升五年行动方案(2021—2025 年)》

95 村庄清洁行动一般包含哪些内容?

疑惑

小刘是今年县里环境卫生分局新考入的大学生,在局里组织的新进人员下乡参观学习中,小刘发现本县的村子都十分的干净整洁。同行的老郭向小刘他们介绍道,"前几年,本县的环境卫生还不是目前这个样子,短短几年时间变化就如此之大,完全得益于国家和省、市、县各级政府近些年对农村环境卫生治理的大力投入和支持,特别是村庄清洁行动的推广”。有了这些支持和宣传后，村民们也深刻地认识到干净整洁的村庄卫生对于村民生活、村子经济发展的重要作用，于是都热情积极地投入村庄清洁行动中。那么，村庄清洁行动一般包含哪些内容？

解析

近些年，国家除了大力提振农村经济发展外，还加大了对农村生活卫生方面治理的投入，使农村居民的生活环境有了显著提升。2018 年 12 月，中央农办、农业农村部等多部委联合下发了《农村人居环境整治村庄清洁行动方案》，明确了村庄清洁行动要以“清洁村庄助力乡村振兴”为主题，逐步实现村庄内垃圾不乱堆乱放，污水乱泼乱倒现象明显减少，粪污无明显暴露，杂物堆放整齐，房前屋后干净整洁，村庄环境干净、整洁、有序，村容村貌明显提升，文明村规民约普遍形成，长效清洁机制逐步建立，村民清洁卫生文明意识普遍提高的目标。

在经过 3 年有效治理后，中共中央办公厅、国务院办公厅又印发了《农村人居环境整治提升五年行动方案（2021—2025 年）》，仍然对村庄清洁行动进行了重点规划，明确并且继续加强村庄清洁行动，要在巩固现阶段成果的基础上，大力实施以“三清一改”（清理农村生活垃圾、清理村内塘沟、清理畜禽养殖粪污等农业生产废弃物，改变影响农村人居环境的不良习惯）为重点，突出清理死角盲区，由“清脏”向“治乱”拓展，由村庄面上清洁向屋内庭院、村庄周边拓展，引导农民逐步养成良好卫生习惯。结合风俗习惯、重要节日等组织村民清洁村庄环境，通过“门前三包”等制度明确村民责任，有条件的地方可以设立村庄清洁日等，推动村庄清洁行动制度化、常态化、长效化。

政策法律依据

《农村人居环境整治提升五年行动方案（2021—2025年）》

96 加快推进农村生活污水治理会给村民带来哪些好处？ 村民应该怎么配合？

疑惑

周某在跟随教授进行水源保护项目科研实验的时候，想到自己的家乡可以作为其中污水治理项目的实验点。原来周某的家乡位于我国中部某省的一个小村庄，近些年随着经济发展，村民生活水平得到了较大提高，但是环境问题却没有得到任何改善，村民还是按照旧有的生活习惯，直接把污水泼倒在门前或是干脆排放到村前的河里，这些含有油污、粪污、生活化学物质的污水极大地破坏了当地的村容卫生与生态环境，在这种形势下加快农村生活污水治理显得尤为重要。周某就向教授提出到自己的家乡调研，并寻找改善水质的有效途径。那么，加快推进农村生活污水治理会给村民带来哪些好处？村民应该怎么配合？

解析

相较城市的污水集中处理而言，在农村传统的生活习惯中，生活产生的污水多是随意倾倒或者自行处理的，这是因为农村居民生活较为分散，没有统一的地下排污管道，在收集、处理农村生活污水问题上存在现实的困难。但是，随着国家将农村生活污水治理确定为农村人居环境整治的重要内容，并制定和出台了许多相关政策，农村污水治理工作已经得到了较大改观。

加快推进农村生活污水治理，不但可以有效改善农村人居环境、提升农民生活品质，还可以促进农村生活污水资源化利用，通过污水发电、秸秆发电、沼气发电等项目，实现经济效益，最终推进美丽乡村建设，实现乡村振兴战略目标。当然，实现这一目标，需要政府、村民多方参与，依据中共中央办公厅、国务院办公厅印发的《农村人居环境整治提升五年行动方案（2021—2025年）》要求，农村村民首先应当树立环保意识，改变生活陋习，尤其是针对房前屋后河塘沟渠黑臭水体等，有效配合政府部门采取控源截污、清淤疏浚、生态修复、水体净化等措施综合治理，共同进行污水治理，实现居住环境的早日整洁卫生。

政策法律依据

《农村人居环境整治提升五年行动方案(2021—2025年)》

97 农家乐的特色菜可以是山上的飞禽走兽吗?

疑惑

小孙从新闻上看到,现在县里计划依托本地山地资源,搞生态旅游,对旅游相关企业加大扶持力度,小孙就想趁这个机会搞个农家乐。一开始,这个农家乐并不太受市场消费者欢迎,小孙就想着务必搞点特色、亮点服务,充分吸引顾客。于是,小孙对来到自己农家乐吃饭的顾客表示,这里有本地特色野生白腹锦鸡焖锅,物美价廉。顾客为了尝鲜也就点了一份。等到上菜的时候,顾客好奇白腹锦鸡的产地,小孙哈哈一笑,说这种飞禽走兽都是他从贩子手里买的,附近有专门的贩子上山打猎,可以放心吃。听了这句话,顾客起身离去,并向市场监督管理局进行了举报。那么,农家乐的特色菜可以吃山上的飞禽走兽吗?

解析

野生动物的食用一方面破坏了生物多样性,影响了生态安全;另一方面,当前的烹饪方式不足以保证食用安全,会危及人体健康,引发重大公共卫生问题。因此,为保障人民群众生命健康安全及生态完整性,我国《野生动物保护法》第49条规定,食用非法购买或经营使用国家重点保护野生动物及其制品的,属于违法行为。白腹锦鸡属于国家二级野生保护动物,故案例中小孙经营的农家乐使用白腹锦鸡制作食品的行为,是不合法的。

对于小孙的违法行为,依据《野生动物保护法》第49条及《关于依法惩治非法野生动物交易犯罪的指导意见》第3条的规定,将由县级以上人民政府野生动物保护主管部门或者市场监督管理部门责令停止违法行为,没收野生动物及其制品和违法所得,并处野生动物及其制品价值2倍以上10倍以下的罚款;构成犯罪的,以非法收购珍贵、濒危野生动物、珍贵、濒危野生动物制品罪等定罪处罚。

政策法律依据

《中华人民共和国野生动物保护法》第49条

《关于依法惩治非法野生动物交易犯罪的指导意见》

《中华人民共和国刑法》第341条

98 如何对秸秆和畜禽粪污等进行资源化利用?

疑惑

秦某是某农业大学毕业的高材生,后经公务员考试成为一名支农干部。在驻村走访的过程中,秦某发现村里的环境卫生十分脏乱,畜禽粪便和污水常常是任意堆弃和排放。还有些村民不顾政府禁令,偷偷在地里焚烧秸秆。他深刻地感觉到,由于缺乏科学的指导与规划,村民对秸秆和畜禽粪污的处理还存在着错误的观念,甚至还导致了一些违法违规行为。如果能够进行有效引导,结合相关的科学技术,就能将平时人们眼中的废物进行资源化利用,变废为宝。那么,如何对秸秆和畜禽粪污等进行资源化利用?

解析

随着科学技术的进步,过去在农业生产、生活过程中产生的废物得以借助有效的技术支持而实现资源、经济价值。近年来,国家不断加大对农村秸秆和畜禽粪污等进行资源化利用的技术与资金扶持,一方面逐步建立、形成了有效的生态利用体系，减少相关成本支出，促进农民的经济增收；另一方面采取相关措施以减少污染废弃物的排放，有效改善生态居住环境。

2016年，农业部等部委就提出了建立"农业废弃物资源化利用"试点，明确对畜禽粪污和农作物秸秆资源化利用工作的规划方向与实施方案。2017年，中共中央办公厅、国务院办公厅印发《关于创新体制机制推进农业绿色发展的意见》，其中明确完善秸秆和畜禽粪污等资源化利用制度，主要利用方式如下：严格依法落实秸秆禁烧制度，优先开展就地还田；推进秸秆发电、沼气发电；强化畜禽粪污资源化利用，以粪为肥。当然，随着科技的进步，对秸秆和畜禽粪污等进行资源化利用的方式还会继续多元化，在推进农业绿色发展中发挥越来越重要的作用。

政策法律依据

《关于创新体制机制推进农业绿色发展的意见》

99 租用他人闲置民居开民宿，最长可以签订多久的租赁合同？

疑惑

大学毕业生小吴想到家乡近几年旅游基础设施投资火爆，打造出了“民宿街”“温泉小镇”“桃花源”“冰雪世界”等网红景区，一年四季游客不断，便萌发了在景区附近开一间民宿的想法。经实地考察，小吴看中了一套闲置的小院儿，他测算至少三五年才能盈利，所以小吴想租赁期限至少10年。本案中，租用他人闲置民居开民宿，最长可以签订多久的租赁合同？

解析

根据《民法典》第705条规定，房屋租赁合同的期限不得超过20年，超过20年的，超过部分无效。租赁期限届满的，当事人可以续订租赁合同。此外，《中央农村工作领导小组办公室、农业农村部关于进一步加强农村宅基地管理的通知》第5条明确规定，城镇居民租用农房的，租赁合同的期限不得超过20年。也就是说，租赁房屋的，最长可以签订20年的合同。

本案中,小吴考虑到投入与获得盈利的时限,想签订至少10年的租赁合同是完全没有问题的,如果资金允许,小吴可以和房主协商签订不超过20年的租赁期限。

政策法律依据

《中华人民共和国民法典》第705条

《中央农村工作领导小组办公室、农业农村部关于进一步加强农村宅基地管理的通知》

100 什么是绿色食品标志? 符合怎样的条件才能申请?

疑惑

张某经营一家有机蔬菜种植公司。该公司种植的蔬菜不喷洒农药等化学药剂,肥料为人畜粪肥,同时配有工人进行专业养护,蔬菜的营养价值高、口味鲜美、品相喜人,在市场上大受欢迎。某商场看中了张某蔬菜的价值,想引进到商场售卖。张某想借此机会申请绿色食品标志,提高蔬菜的价格和品牌的知名度。那么,什么是绿色食品标志？符合怎样的条件才能申请？

解析

根据《绿色食品标志管理办法》的规定，产品和生产单位同时符合相应条件，才能为产品申请绿色食品标志。《绿色食品标志管理办法》第 9 条规定，产品要申请使用绿色产品标志，除了应当符合《食品安全法》和《农产品质量安全法》规定外，在国家知识产权局商标局核定的范围内，应当具备下列条件：(1)产品或产品原料产地环境符合绿色食品产地环境质量标准；(2)农药、肥料、饲料、兽药等投入品使用符合绿色食品投入品使用准则；(3)产品质量符合绿色食品产品质量标准；(4)包装贮运符合绿色食品包装贮运标准。

根据《绿色食品标志管理办法》第 10 条的规定，申请使用绿色食品标志的生产单位应当具备以下条件：(1)能够独立承担民事责任；(2)具有绿色食品生产的环境条件和生产技术；(3)具有完善的质量管理和质量保证体系；(4)具有与生产规模相适应的生产技术人员和质量控制人员；(5)具有稳定的生产基地；(6)申请前 3 年内无质量安全事故和不良诚信记录。

申请人申请使用绿色食品标志时，应当向省级工作机构提出申请，并按照《绿色食品标志管理办法》第 11 条的规定提交以下材料：(1)标志使用申请书；(2)产品生产技术规程和质量控制规范；(3)预包装产品包装标签或其设计样张；(4)中国绿色食品发展中心规定提交的其他证明材料。

在上面的案例中，张某想为种植的蔬菜申请绿色食品标志，张某可根据法律规定的内容进行自查。

政策法律依据

《绿色食品标志管理办法》第9条、第10条、第11条、第12条

APPENDIX

附　录

社会救助暂行办法(2019年修订)

(2014年2月21日国务院令第649号公布 根据2019年3月2日国务院令第709号《国务院关于修改部分行政法规的决定》修订)

第一章 总 则

第一条 为了加强社会救助,保障公民的基本生活,促进社会公平,维护社会和谐稳定,根据宪法,制定本办法。

第二条 社会救助制度坚持托底线、救急难、可持续,与其他社会保障制度相衔接,社会救助水平与经济社会发展水平相适应。

社会救助工作应当遵循公开、公平、公正、及时的原则。

第三条 国务院民政部门统筹全国社会救助体系建设。国务院民政、应急管理、卫生健康、教育、住房城乡建设、人力资源社会保障、医疗保障等部门,按照各自职责负责相应的社会救助管理工作。

县级以上地方人民政府民政、应急管理、卫生健康、教育、住房城乡建设、人力资源社会保障、医疗保障等部门,按照各自职责负责本行政区域内相应的社会救助管理工作。

前两款所列行政部门统称社会救助管理部门。

第四条 乡镇人民政府、街道办事处负责有关社会救助的申请受理、调查审核，具体工作由社会救助经办机构或者经办人员承担。

村民委员会、居民委员会协助做好有关社会救助工作。

第五条 县级以上人民政府应当将社会救助纳入国民经济和社会发展规划，建立健全政府领导、民政部门牵头、有关部门配合、社会力量参与的社会救助工作协调机制，完善社会救助资金、物资保障机制，将政府安排的社会救助资金和社会救助工作经费纳入财政预算。

社会救助资金实行专项管理，分账核算，专款专用，任何单位或者个人不得挤占挪用。社会救助资金的支付，按照财政国库管理的有关规定执行。

第六条 县级以上人民政府应当按照国家统一规划建立社会救助管理信息系统，实现社会救助信息互联互通、资源共享。

第七条 国家鼓励、支持社会力量参与社会救助。

第八条 对在社会救助工作中作出显著成绩的单位、个人，按照国家有关规定给予表彰、奖励。

第二章　最低生活保障

第九条 国家对共同生活的家庭成员人均收入低于当地最低生活保障标准，且符合当地最低生活保障家庭财产状况规定的家庭，给予最低生活保障。

第十条 最低生活保障标准，由省、自治区、直辖市或者设区的市级人民政府按照当地居民生活必需的费用确定、公布，并根据当地经济社会发展水平和物价变动情况适时调整。

最低生活保障家庭收入状况、财产状况的认定办法，由省、自治区、直辖市或者设区的市级人民政府按照国家有关规定制定。

第十一条 申请最低生活保障，按照下列程序办理：

（一）由共同生活的家庭成员向户籍所在地的乡镇人民政府、街道办事处提出书面申请；家庭成员申请有困难的，可以委托村民委员会、居民委员会代为提出申请。

（二）乡镇人民政府、街道办事处应当通过入户调查、邻里访问、信函索证、群众评议、信息核查等方式，对申请人的家庭收入状况、财产状况进行调查核实，提出初审意见，在申请人所在村、社区公示后报县级人民政府民政部门审批。

（三）县级人民政府民政部门经审查，对符合条件的申请予以批准，并在申请人所在村、社区公布；对不符合条件的申请不予批准，并书面向申请人说明理由。

第十二条　对批准获得最低生活保障的家庭，县级人民政府民政部门按照共同生活的家庭成员人均收入低于当地最低生活保障标准的差额，按月发给最低生活保障金。

对获得最低生活保障后生活仍有困难的老年人、未成年人、重度残疾人和重病患者，县级以上地方人民政府应当采取必要措施给予生活保障。

第十三条　最低生活保障家庭的人口状况、收入状况、财产状况发生变化的，应当及时告知乡镇人民政府、街道办事处。

县级人民政府民政部门以及乡镇人民政府、街道办事处应当对获得最低生活保障家庭的人口状况、收入状况、财产状况定期核查。

最低生活保障家庭的人口状况、收入状况、财产状况发生变化的，县级人民政府民政部门应当及时决定增发、减发或者停发最低生活保障金；决定停发最低生活保障金的，应当书面说明理由。

第三章　特困人员供养

第十四条　国家对无劳动能力、无生活来源且无法定赡养、抚养、扶养义务人，或者其法定赡养、抚养、扶养义务人无赡养、抚养、扶养能力的老年人、残疾人以及未满16周岁的未成年人，给予特困人员供养。

第十五条 特困人员供养的内容包括：

（一）提供基本生活条件；

（二）对生活不能自理的给予照料；

（三）提供疾病治疗；

（四）办理丧葬事宜。

特困人员供养标准，由省、自治区、直辖市或者设区的市级人民政府确定、公布。

特困人员供养应当与城乡居民基本养老保险、基本医疗保障、最低生活保障、孤儿基本生活保障等制度相衔接。

第十六条 申请特困人员供养，由本人向户籍所在地的乡镇人民政府、街道办事处提出书面申请；本人申请有困难的，可以委托村民委员会、居民委员会代为提出申请。

特困人员供养的审批程序适用本办法第十一条规定。

第十七条 乡镇人民政府、街道办事处应当及时了解掌握居民的生活情况，发现符合特困供养条件的人员，应当主动为其依法办理供养。

第十八条 特困供养人员不再符合供养条件的，村民委员会、居民委员会或者供养服务机构应当告知乡镇人民政府、街道办事处，由乡镇人民政府、街道办事处审核并报县级人民政府民政部门核准后，终止供养并予以公示。

第十九条 特困供养人员可以在当地的供养服务机构集中供养，也可以在家分散供养。特困供养人员可以自行选择供养形式。

第四章 受灾人员救助

第二十条 国家建立健全自然灾害救助制度，对基本生活受到自然灾害严重影响的人员，提供生活救助。

自然灾害救助实行属地管理，分级负责。

第二十一条　设区的市级以上人民政府和自然灾害多发、易发地区的县级人民政府应当根据自然灾害特点、居民人口数量和分布等情况，设立自然灾害救助物资储备库，保障自然灾害发生后救助物资的紧急供应。

第二十二条　自然灾害发生后，县级以上人民政府或者人民政府的自然灾害救助应急综合协调机构应当根据情况紧急疏散、转移、安置受灾人员，及时为受灾人员提供必要的食品、饮用水、衣被、取暖、临时住所、医疗防疫等应急救助。

第二十三条　灾情稳定后，受灾地区县级以上人民政府应当评估、核定并发布自然灾害损失情况。

第二十四条　受灾地区人民政府应当在确保安全的前提下，对住房损毁严重的受灾人员进行过渡性安置。

第二十五条　自然灾害危险消除后，受灾地区人民政府应急管理等部门应当及时核实本行政区域内居民住房恢复重建补助对象，并给予资金、物资等救助。

第二十六条　自然灾害发生后，受灾地区人民政府应当为因当年冬寒或者次年春荒遇到生活困难的受灾人员提供基本生活救助。

第五章　医疗救助

第二十七条　国家建立健全医疗救助制度，保障医疗救助对象获得基本医疗卫生服务。

第二十八条　下列人员可以申请相关医疗救助：

（一）最低生活保障家庭成员；

（二）特困供养人员；

（三）县级以上人民政府规定的其他特殊困难人员。

第二十九条 医疗救助采取下列方式：

（一）对救助对象参加城镇居民基本医疗保险或者新型农村合作医疗的个人缴费部分，给予补贴；

（二）对救助对象经基本医疗保险、大病保险和其他补充医疗保险支付后，个人及其家庭难以承担的符合规定的基本医疗自负费用，给予补助。

医疗救助标准，由县级以上人民政府按照经济社会发展水平和医疗救助资金情况确定、公布。

第三十条 申请医疗救助的，应当向乡镇人民政府、街道办事处提出，经审核、公示后，由县级人民政府医疗保障部门审批。最低生活保障家庭成员和特困供养人员的医疗救助，由县级人民政府医疗保障部门直接办理。

第三十一条 县级以上人民政府应当建立健全医疗救助与基本医疗保险、大病保险相衔接的医疗费用结算机制，为医疗救助对象提供便捷服务。

第三十二条 国家建立疾病应急救助制度，对需要急救但身份不明或者无力支付急救费用的急重危伤病患者给予救助。符合规定的急救费用由疾病应急救助基金支付。

疾病应急救助制度应当与其他医疗保障制度相衔接。

第六章 教育救助

第三十三条 国家对在义务教育阶段就学的最低生活保障家庭成员、特困供养人员，给予教育救助。

对在高中教育（含中等职业教育）、普通高等教育阶段就学的最低生活保障家庭成员、特困供养人员，以及不能入学接受义务教育的残疾儿童，根据实际情况给予适当教育救助。

第三十四条 教育救助根据不同教育阶段需求，采取减免相关费用、发放助学金、给予生活补助、安排勤工助学等方式实施，保障教育救助对象基本学习、生活需求。

第三十五条 教育救助标准，由省、自治区、直辖市人民政府根据经济社会发展水平和教育救助对象的基本学习、生活需求确定、公布。

第三十六条 申请教育救助，应当按照国家有关规定向就读学校提出，按规定程序审核、确认后，由学校按照国家有关规定实施。

第七章 住房救助

第三十七条 国家对符合规定标准的住房困难的最低生活保障家庭、分散供养的特困人员，给予住房救助。

第三十八条 住房救助通过配租公共租赁住房、发放住房租赁补贴、农村危房改造等方式实施。

第三十九条 住房困难标准和救助标准，由县级以上地方人民政府根据本行政区域经济社会发展水平、住房价格水平等因素确定、公布。

第四十条 城镇家庭申请住房救助的，应当经由乡镇人民政府、街道办事处或者直接向县级人民政府住房保障部门提出，经县级人民政府民政部门审核家庭收入、财产状况和县级人民政府住房保障部门审核家庭住房状况并公示后，对符合申请条件的申请人，由县级人民政府住房保障部门优先给予保障。

农村家庭申请住房救助的，按照县级以上人民政府有关规定执行。

第四十一条 各级人民政府按照国家规定通过财政投入、用地供应等措施为实施住房救助提供保障。

第八章 就业救助

第四十二条 国家对最低生活保障家庭中有劳动能力并处于失业状态的成

员,通过贷款贴息、社会保险补贴、岗位补贴、培训补贴、费用减免、公益性岗位安置等办法,给予就业救助。

第四十三条 最低生活保障家庭有劳动能力的成员均处于失业状态的,县级以上地方人民政府应当采取有针对性的措施,确保该家庭至少有一人就业。

第四十四条 申请就业救助的,应当向住所地街道、社区公共就业服务机构提出,公共就业服务机构核实后予以登记,并免费提供就业岗位信息、职业介绍、职业指导等就业服务。

第四十五条 最低生活保障家庭中有劳动能力但未就业的成员,应当接受人力资源社会保障等有关部门介绍的工作;无正当理由,连续3次拒绝接受介绍的与其健康状况、劳动能力等相适应的工作的,县级人民政府民政部门应当决定减发或者停发其本人的最低生活保障金。

第四十六条 吸纳就业救助对象的用人单位,按照国家有关规定享受社会保险补贴、税收优惠、小额担保贷款等就业扶持政策。

第九章 临时救助

第四十七条 国家对因火灾、交通事故等意外事件,家庭成员突发重大疾病等原因,导致基本生活暂时出现严重困难的家庭,或者因生活必需支出突然增加超出家庭承受能力,导致基本生活暂时出现严重困难的最低生活保障家庭,以及遭遇其他特殊困难的家庭,给予临时救助。

第四十八条 申请临时救助的,应当向乡镇人民政府、街道办事处提出,经审核、公示后,由县级人民政府民政部门审批;救助金额较小的,县级人民政府民政部门可以委托乡镇人民政府、街道办事处审批。情况紧急的,可以按照规定简化审批手续。

第四十九条 临时救助的具体事项、标准,由县级以上地方人民政府确定、公布。

第五十条 国家对生活无着的流浪、乞讨人员提供临时食宿、急病救治、协助返回等救助。

第五十一条 公安机关和其他有关行政机关的工作人员在执行公务时发现流浪、乞讨人员的,应当告知其向救助管理机构求助。对其中的残疾人、未成年人、老年人和行动不便的其他人员,应当引导、护送到救助管理机构;对突发急病人员,应当立即通知急救机构进行救治。

第十章 社会力量参与

第五十二条 国家鼓励单位和个人等社会力量通过捐赠、设立帮扶项目、创办服务机构、提供志愿服务等方式,参与社会救助。

第五十三条 社会力量参与社会救助,按照国家有关规定享受财政补贴、税收优惠、费用减免等政策。

第五十四条 县级以上地方人民政府可以将社会救助中的具体服务事项通过委托、承包、采购等方式,向社会力量购买服务。

第五十五条 县级以上地方人民政府应当发挥社会工作服务机构和社会工作者作用,为社会救助对象提供社会融入、能力提升、心理疏导等专业服务。

第五十六条 社会救助管理部门及相关机构应当建立社会力量参与社会救助的机制和渠道,提供社会救助项目、需求信息,为社会力量参与社会救助创造条件、提供便利。

第十一章 监督管理

第五十七条 县级以上人民政府及其社会救助管理部门应当加强对社会救

助工作的监督检查,完善相关监督管理制度。

第五十八条 申请或者已获得社会救助的家庭,应当按照规定如实申报家庭收入状况、财产状况。

县级以上人民政府民政部门根据申请或者已获得社会救助家庭的请求、委托,可以通过户籍管理、税务、社会保险、不动产登记、工商登记、住房公积金管理、车船管理等单位和银行、保险、证券等金融机构,代为查询、核对其家庭收入状况、财产状况;有关单位和金融机构应当予以配合。

县级以上人民政府民政部门应当建立申请和已获得社会救助家庭经济状况信息核对平台,为审核认定社会救助对象提供依据。

第五十九条 县级以上人民政府社会救助管理部门和乡镇人民政府、街道办事处在履行社会救助职责过程中,可以查阅、记录、复制与社会救助事项有关的资料,询问与社会救助事项有关的单位、个人,要求其对相关情况作出说明,提供相关证明材料。有关单位、个人应当如实提供。

第六十条 申请社会救助,应当按照本办法的规定提出;申请人难以确定社会救助管理部门的,可以先向社会救助经办机构或者县级人民政府民政部门求助。社会救助经办机构或者县级人民政府民政部门接到求助后,应当及时办理或者转交其他社会救助管理部门办理。

乡镇人民政府、街道办事处应当建立统一受理社会救助申请的窗口,及时受理、转办申请事项。

第六十一条 履行社会救助职责的工作人员对在社会救助工作中知悉的公民个人信息,除按照规定应当公示的信息外,应当予以保密。

第六十二条 县级以上人民政府及其社会救助管理部门应当通过报刊、广播、电视、互联网等媒体,宣传社会救助法律、法规和政策。

县级人民政府及其社会救助管理部门应当通过公共查阅室、资料索取点、信息公告栏等便于公众知晓的途径,及时公开社会救助资金、物资的管理和使用等情况,接受社会监督。

第六十三条　履行社会救助职责的工作人员行使职权,应当接受社会监督。

任何单位、个人有权对履行社会救助职责的工作人员在社会救助工作中的违法行为进行举报、投诉。受理举报、投诉的机关应当及时核实、处理。

第六十四条　县级以上人民政府财政部门、审计机关依法对社会救助资金、物资的筹集、分配、管理和使用实施监督。

第六十五条　申请或者已获得社会救助的家庭或者人员,对社会救助管理部门作出的具体行政行为不服的,可以依法申请行政复议或者提起行政诉讼。

第十二章　法律责任

第六十六条　违反本办法规定,有下列情形之一的,由上级行政机关或者监察机关责令改正;对直接负责的主管人员和其他直接责任人员依法给予处分:

(一)对符合申请条件的救助申请不予受理的;

(二)对符合救助条件的救助申请不予批准的;

(三)对不符合救助条件的救助申请予以批准的;

(四)泄露在工作中知悉的公民个人信息,造成后果的;

(五)丢失、篡改接受社会救助款物、服务记录等数据的;

(六)不按照规定发放社会救助资金、物资或者提供相关服务的;

(七)在履行社会救助职责过程中有其他滥用职权、玩忽职守、徇私舞弊行为的。

第六十七条　违反本办法规定,截留、挤占、挪用、私分社会救助资金、物资的,由有关部门责令追回;有违法所得的,没收违法所得;对直接负责的主管人员和其他直接责任人员依法给予处分。

第六十八条　采取虚报、隐瞒、伪造等手段,骗取社会救助资金、物资或者服务的，由有关部门决定停止社会救助，责令退回非法获取的救助资金、物资，可以处非法获取的救助款额或者物资价值1倍以上3倍以下的罚款；构成违反治安管理行为的，依法给予治安管理处罚。

第六十九条 违反本办法规定，构成犯罪的，依法追究刑事责任。

第十三章 附 则

第七十条 本办法自2014年5月1日起施行。

国务院关于建立统一的城乡居民基本养老保险制度的意见

（国发〔2014〕8号）

各省、自治区、直辖市人民政府，国务院各部委、各直属机构：

按照党的十八大精神和十八届三中全会关于整合城乡居民基本养老保险制度的要求，依据《中华人民共和国社会保险法》有关规定，在总结新型农村社会养老保险（以下简称新农保）和城镇居民社会养老保险（以下简称城居保）试点经验的基础上，国务院决定，将新农保和城居保两项制度合并实施，在全国范围内建立统一的城乡居民基本养老保险（以下简称城乡居民养老保险）制度。现提出以下意见：

一、指导思想

高举中国特色社会主义伟大旗帜，以邓小平理论、“三个代表”重要思想、科学发展观为指导，贯彻落实党中央和国务院的各项决策部署，按照全覆盖、保基本、有弹性、可持续的方针，以增强公平性、适应流动性、保证可持续性为重点，全面推进和不断完善覆盖全体城乡居民的基本养老保险制度，充分发挥社会保险对保障人民基本生活、调节社会收入分配、促进城乡经济社会协调发展的重要作用。

二、任务目标

坚持和完善社会统筹与个人账户相结合的制度模式，巩固和拓宽个人缴费、集体补助、政府补贴相结合的资金筹集渠道，完善基础养老金和个人账户养老金相结合的待遇支付政策，强化长缴多得、多缴多得等制度的激励机制，建立基础养老金正常调整机制，健全服务网络，提高管理水平，为参保居民提供方便快捷的服务。“十二五”末，在全国基本实现新农保和城居保制度合并实施，并与职工基本养老保险制度相衔接。2020年前，全面建成公平、统一、规范的城乡居民养老保险制度，与社会救助、社会福利等其他社会保障政策相配套，充分发挥家庭养老等传统保障方式的积极作用，更好保障参保城乡居民的老年基本生活。

三、参保范围

年满16周岁（不含在校学生），非国家机关和事业单位工作人员及不属于职工基本养老保险制度覆盖范围的城乡居民，可以在户籍地参加城乡居民养老保险。

四、基金筹集

城乡居民养老保险基金由个人缴费、集体补助、政府补贴构成。

（一）个人缴费。

参加城乡居民养老保险的人员应当按规定缴纳养老保险费。缴费标准目前设为每年100元、200元、300元、400元、500元、600元、700元、800元、900元、1000元、1500元、2000元12个档次，省（区、市）人民政府可以根据实际情况增设缴费档次，最高缴费档次标准原则上不超过当地灵活就业人员参加职工基本养老保险的年缴费额,并报人力资源社会保障部备案。人力资源社会保障部会同财政部依据城乡居民收入增长等情况适时调整缴费档次标准。参保人自主选择档次缴费,多缴多得。

(二)集体补助。

有条件的村集体经济组织应当对参保人缴费给予补助,补助标准由村民委员会召开村民会议民主确定,鼓励有条件的社区将集体补助纳入社区公益事业资金筹集范围。鼓励其他社会经济组织、公益慈善组织、个人为参保人缴费提供资助。补助、资助金额不超过当地设定的最高缴费档次标准。

(三)政府补贴。

政府对符合领取城乡居民养老保险待遇条件的参保人全额支付基础养老金,其中,中央财政对中西部地区按中央确定的基础养老金标准给予全额补助,对东部地区给予50%的补助。

地方人民政府应当对参保人缴费给予补贴,对选择最低档次标准缴费的,补贴标准不低于每人每年30元;对选择较高档次标准缴费的,适当增加补贴金额;对选择500元及以上档次标准缴费的,补贴标准不低于每人每年60元,具体标准和办法由省(区、市)人民政府确定。对重度残疾人等缴费困难群体,地方人民政府为其代缴部分或全部最低标准的养老保险费。

五、建立个人账户

国家为每个参保人员建立终身记录的养老保险个人账户,个人缴费、地方人民政府对参保人的缴费补贴、集体补助及其他社会经济组织、公益慈善组织、个人对参保人的缴费资助,全部记入个人账户。个人账户储存额按国家规定计息。

六、养老保险待遇及调整

城乡居民养老保险待遇由基础养老金和个人账户养老金构成,支付终身。

(一)基础养老金。中央确定基础养老金最低标准,建立基础养老金最低标准正常调整机制,根据经济发展和物价变动等情况,适时调整全国基础养老金最低标准。地方人民政府可以根据实际情况适当提高基础养老金标准;对长期缴费的,可适当加发基础养老金,提高和加发部分的资金由地方人民政府支出,具体办法由省(区、市)人民政府规定,并报人力资源社会保障部备案。

(二)个人账户养老金。个人账户养老金的月计发标准,目前为个人账户全部储存额除以139(与现行职工基本养老保险个人账户养老金计发系数相同)。参保人死亡,个人账户资金余额可以依法继承。

七、养老保险待遇领取条件

参加城乡居民养老保险的个人,年满60周岁、累计缴费满15年,且未领取国家规定的基本养老保障待遇的,可以按月领取城乡居民养老保险待遇。

新农保或城居保制度实施时已年满60周岁,在本意见印发之日前未领取国家规定的基本养老保障待遇的,不用缴费,自本意见实施之月起,可以按月领取城乡居民养老保险基础养老金;距规定领取年龄不足15年的,应逐年缴费,也允许补缴,累计缴费不超过15年;距规定领取年龄超过15年的,应按年缴费,累计缴费不少于15年。

城乡居民养老保险待遇领取人员死亡的,从次月起停止支付其养老金。有条件的地方人民政府可以结合本地实际探索建立丧葬补助金制度。社会保险经办机构应每年对城乡居民养老保险待遇领取人员进行核对;村(居)民委员会要协助社会保险经办机构开展工作,在行政村(社区)范围内对参保人待遇领取资格进行公示,并与职工基本养老保险待遇等领取记录进行比对,确保不重、不漏、不错。

八、转移接续与制度衔接

参加城乡居民养老保险的人员,在缴费期间户籍迁移、需要跨地区转移城乡居民养老保险关系的,可在迁入地申请转移养老保险关系,一次性转移个人账户全部储存额,并按迁入地规定继续参保缴费,缴费年限累计计算;已经按规定领取城乡居民养老保险待遇的,无论户籍是否迁移,其养老保险关系不转移。

城乡居民养老保险制度与职工基本养老保险、优抚安置、城乡居民最低生活保障、农村五保供养等社会保障制度以及农村部分计划生育家庭奖励扶助制度的衔接,按有关规定执行。

九、基金管理和运营

将新农保基金和城居保基金合并为城乡居民养老保险基金,完善城乡居民养老保险基金财务会计制度和各项业务管理规章制度。城乡居民养老保险基金纳入社会保障基金财政专户,实行收支两条线管理,单独记账、独立核算,任何地区、部门、单位和个人均不得挤占挪用、虚报冒领。各地要在整合城乡居民养老保险制度的基础上,逐步推进城乡居民养老保险基金省级管理。

城乡居民养老保险基金按照国家统一规定投资运营,实现保值增值。

十、基金监督

各级人力资源社会保障部门要会同有关部门认真履行监管职责,建立健全内控制度和基金稽核监督制度,对基金的筹集、上解、划拨、发放、存储、管理等进行监控和检查,并按规定披露信息,接受社会监督。财政部门、审计部门按各自职责,对基金的收支、管理和投资运营情况实施监督。对虚报冒领、挤占挪用、贪污浪费等违纪违法行为,有关部门按国家有关法律法规严肃处理。要积极探索有村(居)民代表参加的社会监督的有效方式,做到基金公开透明,制度在阳光下运行。

十一、经办管理服务与信息化建设

省(区、市)人民政府要切实加强城乡居民养老保险经办能力建设,结合本地实际,科学整合现有公共服务资源和社会保险经办管理资源,充实加强基层经办力量,做到精确管理、便捷服务。要注重运用现代管理方式和政府购买服务方式,降低行政成本,提高工作效率。要加强城乡居民养老保险工作人员专业培训,不断提高公共服务水平。社会保险经办机构要认真记录参保人缴费和领取待遇情况,建立参保档案,按规定妥善保存。地方人民政府要为经办机构提供必要的工作场地、设施设备、经费保障。城乡居民养老保险工作经费纳入同级财政预算,不得从城乡居民养老保险基金中开支。基层财政确有困难的地区,省市级财政可给予适当补助。

各地要在现有新农保和城居保业务管理系统基础上,整合形成省级集中的城乡居民养老保险信息管理系统,纳入"金保工程"建设,并与其他公民信息管理系统实现信息资源共享;要将信息网络向基层延伸,实现省、市、县、乡镇(街道)、社区实时联网,有条件的地区可延伸到行政村;要大力推行全国统一的社会保障卡,方便参保人持卡缴费、领取待遇和查询本人参保信息。

十二、加强组织领导和政策宣传

地方各级人民政府要充分认识建立城乡居民养老保险制度的重要性,将其列入当地经济社会发展规划和年度目标管理考核体系,切实加强组织领导;要优化财政支出结构,加大财政投入,为城乡居民养老保险制度建设提供必要的财力保障。各级人力资源社会保障部门要切实履行主管部门职责,会同有关部门做好城乡居民养老保险工作的统筹规划和政策制定、统一管理、综合协调、监督检查等工作。

各地区和有关部门要认真做好城乡居民养老保险政策宣传工作,全面准确地宣传解读政策,正确把握舆论导向,注重运用通俗易懂的语言和群众易于接受的方式,深入基层开展宣传活动,引导城乡居民踊跃参保、持续缴费、增加积累,保障参保人的合法权益。

各省(区、市)人民政府要根据本意见,结合本地区实际情况,制定具体实施办法,并报人力资源社会保障部备案。

本意见自印发之日起实施,已有规定与本意见不一致的,按本意见执行。

国务院

2014 年 2 月 21 日

保障农民工工资支付条例

（中华人民共和国国务院令第724号）

《保障农民工工资支付条例》已经2019年12月4日国务院第73次常务会议通过，现予公布，自2020年5月1日起施行。

总理　李克强

2019年12月30日

保障农民工工资支付条例

第一章　总　　则

第一条　为了规范农民工工资支付行为，保障农民工按时足额获得工资，根据《中华人民共和国劳动法》及有关法律规定，制定本条例。

第二条　保障农民工工资支付，适用本条例。

本条例所称农民工，是指为用人单位提供劳动的农村居民。

本条例所称工资，是指农民工为用人单位提供劳动后应当获得的劳动报酬。

第三条　农民工有按时足额获得工资的权利。任何单位和个人不得拖欠农民工工资。

农民工应当遵守劳动纪律和职业道德，执行劳动安全卫生规程，完成劳动任务。

第四条 县级以上地方人民政府对本行政区域内保障农民工工资支付工作负责,建立保障农民工工资支付工作协调机制,加强监管能力建设,健全保障农民工工资支付工作目标责任制,并纳入对本级人民政府有关部门和下级人民政府进行考核和监督的内容。

乡镇人民政府、街道办事处应当加强对拖欠农民工工资矛盾的排查和调处工作,防范和化解矛盾,及时调解纠纷。

第五条 保障农民工工资支付,应当坚持市场主体负责、政府依法监管、社会协同监督,按照源头治理、预防为主、防治结合、标本兼治的要求,依法根治拖欠农民工工资问题。

第六条 用人单位实行农民工劳动用工实名制管理,与招用的农民工书面约定或者通过依法制定的规章制度规定工资支付标准、支付时间、支付方式等内容。

第七条 人力资源社会保障行政部门负责保障农民工工资支付工作的组织协调、管理指导和农民工工资支付情况的监督检查,查处有关拖欠农民工工资案件。

住房城乡建设、交通运输、水利等相关行业工程建设主管部门按照职责履行行业监管责任,督办因违法发包、转包、违法分包、挂靠、拖欠工程款等导致的拖欠农民工工资案件。

发展改革等部门按照职责负责政府投资项目的审批管理,依法审查政府投资项目的资金来源和筹措方式,按规定及时安排政府投资,加强社会信用体系建设,组织对拖欠农民工工资失信联合惩戒对象依法依规予以限制和惩戒。

财政部门负责政府投资资金的预算管理,根据经批准的预算按规定及时足额拨付政府投资资金。

公安机关负责及时受理、侦办涉嫌拒不支付劳动报酬刑事案件,依法处置因农民工工资拖欠引发的社会治安案件。

司法行政、自然资源、人民银行、审计、国有资产管理、税务、市场监管、金融监管等部门，按照职责做好与保障农民工工资支付相关的工作。

第八条 工会、共产主义青年团、妇女联合会、残疾人联合会等组织按照职责依法维护农民工获得工资的权利。

第九条 新闻媒体应当开展保障农民工工资支付法律法规政策的公益宣传和先进典型的报道，依法加强对拖欠农民工工资违法行为的舆论监督，引导用人单位增强依法用工、按时足额支付工资的法律意识，引导农民工依法维权。

第十条 被拖欠工资的农民工有权依法投诉，或者申请劳动争议调解仲裁和提起诉讼。

任何单位和个人对拖欠农民工工资的行为，有权向人力资源社会保障行政部门或者其他有关部门举报。

人力资源社会保障行政部门和其他有关部门应当公开举报投诉电话、网站等渠道，依法接受对拖欠农民工工资行为的举报、投诉。对于举报、投诉的处理实行首问负责制，属于本部门受理的，应当依法及时处理；不属于本部门受理的，应当及时转送相关部门，相关部门应当依法及时处理，并将处理结果告知举报、投诉人。

第二章　工资支付形式与周期

第十一条 农民工工资应当以货币形式，通过银行转账或者现金支付给农民工本人，不得以实物或者有价证券等其他形式替代。

第十二条 用人单位应当按照与农民工书面约定或者依法制定的规章制度规定的工资支付周期和具体支付日期足额支付工资。

第十三条 实行月、周、日、小时工资制的，按照月、周、日、小时为周期支付工资；实行计件工资制的，工资支付周期由双方依法约定。

第十四条　用人单位与农民工书面约定或者依法制定的规章制度规定的具体支付日期，可以在农民工提供劳动的当期或者次期。具体支付日期遇法定节假日或者休息日的，应当在法定节假日或者休息日前支付。

用人单位因不可抗力未能在支付日期支付工资的，应当在不可抗力消除后及时支付。

第十五条　用人单位应当按照工资支付周期编制书面工资支付台账，并至少保存3年。

书面工资支付台账应当包括用人单位名称，支付周期，支付日期，支付对象姓名、身份证号码、联系方式，工作时间，应发工资项目及数额，代扣、代缴、扣除项目和数额，实发工资数额，银行代发工资凭证或者农民工签字等内容。

用人单位向农民工支付工资时，应当提供农民工本人的工资清单。

第三章　工资清偿

第十六条　用人单位拖欠农民工工资的，应当依法予以清偿。

第十七条　不具备合法经营资格的单位招用农民工，农民工已经付出劳动而未获得工资的，依照有关法律规定执行。

第十八条　用工单位使用个人、不具备合法经营资格的单位或者未依法取得劳务派遣许可证的单位派遣的农民工，拖欠农民工工资的，由用工单位清偿，并可以依法进行追偿。

第十九条　用人单位将工作任务发包给个人或者不具备合法经营资格的单位，导致拖欠所招用农民工工资的，依照有关法律规定执行。

用人单位允许个人、不具备合法经营资格或者未取得相应资质的单位以用人单位的名义对外经营，导致拖欠所招用农民工工资的，由用人单位清偿，并可以依法进行追偿。

第二十条 合伙企业、个人独资企业、个体经济组织等用人单位拖欠农民工工资的，应当依法予以清偿；不清偿的，由出资人依法清偿。

第二十一条 用人单位合并或者分立时，应当在实施合并或者分立前依法清偿拖欠的农民工工资；经与农民工书面协商一致的，可以由合并或者分立后承继其权利和义务的用人单位清偿。

第二十二条 用人单位被依法吊销营业执照或者登记证书、被责令关闭、被撤销或者依法解散的，应当在申请注销登记前依法清偿拖欠的农民工工资。

未依据前款规定清偿农民工工资的用人单位主要出资人，应当在注册新用人单位前清偿拖欠的农民工工资。

第四章 工程建设领域特别规定

第二十三条 建设单位应当有满足施工所需要的资金安排。没有满足施工所需要的资金安排的，工程建设项目不得开工建设；依法需要办理施工许可证的，相关行业工程建设主管部门不予颁发施工许可证。

政府投资项目所需资金，应当按照国家有关规定落实到位，不得由施工单位垫资建设。

第二十四条 建设单位应当向施工单位提供工程款支付担保。

建设单位与施工总承包单位依法订立书面工程施工合同，应当约定工程款计量周期、工程款进度结算办法以及人工费用拨付周期，并按照保障农民工工资按时足额支付的要求约定人工费用。人工费用拨付周期不得超过1个月。

建设单位与施工总承包单位应当将工程施工合同保存备查。

第二十五条 施工总承包单位与分包单位依法订立书面分包合同，应当约定工程款计量周期、工程款进度结算办法。

第二十六条 施工总承包单位应当按照有关规定开设农民工工资专用账

户，专项用于支付该工程建设项目农民工工资。

开设、使用农民工工资专用账户有关资料应当由施工总承包单位妥善保存备查。

第二十七条　金融机构应当优化农民工工资专用账户开设服务流程，做好农民工工资专用账户的日常管理工作；发现资金未按约定拨付等情况的，及时通知施工总承包单位，由施工总承包单位报告人力资源社会保障行政部门和相关行业工程建设主管部门，并纳入欠薪预警系统。

工程完工且未拖欠农民工工资的，施工总承包单位公示30日后，可以申请注销农民工工资专用账户，账户内余额归施工总承包单位所有。

第二十八条　施工总承包单位或者分包单位应当依法与所招用的农民工订立劳动合同并进行用工实名登记，具备条件的行业应当通过相应的管理服务信息平台进行用工实名登记、管理。未与施工总承包单位或者分包单位订立劳动合同并进行用工实名登记的人员，不得进入项目现场施工。

施工总承包单位应当在工程项目部配备劳资专管员，对分包单位劳动用工实施监督管理，掌握施工现场用工、考勤、工资支付等情况，审核分包单位编制的农民工工资支付表，分包单位应当予以配合。

施工总承包单位、分包单位应当建立用工管理台账，并保存至工程完工且工资全部结清后至少3年。

第二十九条　建设单位应当按照合同约定及时拨付工程款，并将人工费用及时足额拨付至农民工工资专用账户，加强对施工总承包单位按时足额支付农民工工资的监督。

因建设单位未按照合同约定及时拨付工程款导致农民工工资拖欠的，建设单位应当以未结清的工程款为限先行垫付被拖欠的农民工工资。

建设单位应当以项目为单位建立保障农民工工资支付协调机制和工资拖欠预防机制，督促施工总承包单位加强劳动用工管理，妥善处理与农民工工资支付相关的矛盾纠纷。发生农民工集体讨薪事件的，建设单位应当会同施工总承包单位及时处理，并向项目所在地人力资源社会保障行政部门和相关行业工程建设主管部门报告有关情况。

第三十条 分包单位对所招用农民工的实名制管理和工资支付负直接责任。

施工总承包单位对分包单位劳动用工和工资发放等情况进行监督。

分包单位拖欠农民工工资的，由施工总承包单位先行清偿，再依法进行追偿。

工程建设项目转包，拖欠农民工工资的，由施工总承包单位先行清偿，再依法进行追偿。

第三十一条 工程建设领域推行分包单位农民工工资委托施工总承包单位代发制度。

分包单位应当按月考核农民工工作量并编制工资支付表，经农民工本人签字确认后，与当月工程进度等情况一并交施工总承包单位。

施工总承包单位根据分包单位编制的工资支付表，通过农民工工资专用账户直接将工资支付到农民工本人的银行账户，并向分包单位提供代发工资凭证。

用于支付农民工工资的银行账户所绑定的农民工本人社会保障卡或者银行卡，用人单位或者其他人员不得以任何理由扣押或者变相扣押。

第三十二条 施工总承包单位应当按照有关规定存储工资保证金，专项用于支付为所承包工程提供劳动的农民工被拖欠的工资。

工资保证金实行差异化存储办法，对一定时期内未发生工资拖欠的单位实行减免措施，对发生工资拖欠的单位适当提高存储比例。工资保证金可以用金融机构保函替代。

工资保证金的存储比例、存储形式、减免措施等具体办法，由国务院人力资源社会保障行政部门会同有关部门制定。

第三十三条 除法律另有规定外,农民工工资专用账户资金和工资保证金不得因支付为本项目提供劳动的农民工工资之外的原因被查封、冻结或者划拨。

第三十四条 施工总承包单位应当在施工现场醒目位置设立维权信息告示牌,明示下列事项:

(一)建设单位、施工总承包单位及所在项目部、分包单位、相关行业工程建设主管部门、劳资专管员等基本信息;

(二)当地最低工资标准、工资支付日期等基本信息;

(三)相关行业工程建设主管部门和劳动保障监察投诉举报电话、劳动争议调解仲裁申请渠道、法律援助申请渠道、公共法律服务热线等信息。

第三十五条 建设单位与施工总承包单位或者承包单位与分包单位因工程数量、质量、造价等产生争议的,建设单位不得因争议不按照本条例第二十四条的规定拨付工程款中的人工费用,施工总承包单位也不得因争议不按照规定代发工资。

第三十六条 建设单位或者施工总承包单位将建设工程发包或者分包给个人或者不具备合法经营资格的单位,导致拖欠农民工工资的,由建设单位或者施工总承包单位清偿。

施工单位允许其他单位和个人以施工单位的名义对外承揽建设工程,导致拖欠农民工工资的,由施工单位清偿。

第三十七条 工程建设项目违反国土空间规划、工程建设等法律法规,导致拖欠农民工工资的,由建设单位清偿。

第五章 监督检查

第三十八条 县级以上地方人民政府应当建立农民工工资支付监控预警平台,实现人力资源社会保障、发展改革、司法行政、财政、住房城乡建设、交通运输、水利等部门的工程项目审批、资金落实、施工许可、劳动用工、工资支付等信息及时共享。

人力资源社会保障行政部门根据水电燃气供应、物业管理、信贷、税收等反映企业生产经营相关指标的变化情况,及时监控和预警工资支付隐患并做好防范工作,市场监管、金融监管、税务等部门应当予以配合。

第三十九条 人力资源社会保障行政部门、相关行业工程建设主管部门和其他有关部门应当按照职责,加强对用人单位与农民工签订劳动合同、工资支付以及工程建设项目实行农民工实名制管理、农民工工资专用账户管理、施工总承包单位代发工资、工资保证金存储、维权信息公示等情况的监督检查,预防和减少拖欠农民工工资行为的发生。

第四十条 人力资源社会保障行政部门在查处拖欠农民工工资案件时,需要依法查询相关单位金融账户和相关当事人拥有房产、车辆等情况的,应当经设区的市级以上地方人民政府人力资源社会保障行政部门负责人批准,有关金融机构和登记部门应当予以配合。

第四十一条 人力资源社会保障行政部门在查处拖欠农民工工资案件时,发生用人单位拒不配合调查、清偿责任主体及相关当事人无法联系等情形的,可以请求公安机关和其他有关部门协助处理。

人力资源社会保障行政部门发现拖欠农民工工资的违法行为涉嫌构成拒不支付劳动报酬罪的,应当按照有关规定及时移送公安机关审查并作出决定。

第四十二条 人力资源社会保障行政部门作出责令支付被拖欠的农民工工资的决定,相关单位不支付的,可以依法申请人民法院强制执行。

第四十三条 相关行业工程建设主管部门应当依法规范本领域建设市场秩序,对违法发包、转包、违法分包、挂靠等行为进行查处,并对导致拖欠农民工工资的违法行为及时予以制止、纠正。

第四十四条 财政部门、审计机关和相关行业工程建设主管部门按照职责,依法对政府投资项目建设单位按照工程施工合同约定向农民工工资专用账户拨付资金情况进行监督。

第四十五条 司法行政部门和法律援助机构应当将农民工列为法律援助的重点对象,并依法为请求支付工资的农民工提供便捷的法律援助。

公共法律服务相关机构应当积极参与相关诉讼、咨询、调解等活动,帮助解决拖欠农民工工资问题。

第四十六条 人力资源社会保障行政部门、相关行业工程建设主管部门和其他有关部门应当按照“谁执法谁普法”普法责任制的要求,通过以案释法等多种形式,加大对保障农民工工资支付相关法律法规的普及宣传。

第四十七条 人力资源社会保障行政部门应当建立用人单位及相关责任人劳动保障守法诚信档案,对用人单位开展守法诚信等级评价。

用人单位有严重拖欠农民工工资违法行为的,由人力资源社会保障行政部门向社会公布,必要时可以通过召开新闻发布会等形式向媒体公开曝光。

第四十八条 用人单位拖欠农民工工资,情节严重或者造成严重不良社会影响的,有关部门应当将该用人单位及其法定代表人或者主要负责人、直接负责的主管人员和其他直接责任人员列入拖欠农民工工资失信联合惩戒对象名单,在政府资金支持、政府采购、招投标、融资贷款、市场准入、税收优惠、评优评先、交通出行等方面依法依规予以限制。

拖欠农民工工资需要列入失信联合惩戒名单的具体情形,由国务院人力资源社会保障行政部门规定。

第四十九条 建设单位未依法提供工程款支付担保或者政府投资项目拖欠工程款,导致拖欠农民工工资的,县级以上地方人民政府应当限制其新建项目,并记入信用记录,纳入国家信用信息系统进行公示。

第五十条 农民工与用人单位就拖欠工资存在争议,用人单位应当提供依法由其保存的劳动合同、职工名册、工资支付台账和清单等材料;不提供的,依法承担不利后果。

第五十一条 工会依法维护农民工工资权益,对用人单位工资支付情况进行监督;发现拖欠农民工工资的,可以要求用人单位改正,拒不改正的,可以请求人力资源社会保障行政部门和其他有关部门依法处理。

第五十二条 单位或者个人编造虚假事实或者采取非法手段讨要农民工工资,或者以拖欠农民工工资为名讨要工程款的,依法予以处理。

第六章 法律责任

第五十三条 违反本条例规定拖欠农民工工资的,依照有关法律规定执行。

第五十四条 有下列情形之一的,由人力资源社会保障行政部门责令限期改正;逾期不改正的,对单位处2万元以上5万元以下的罚款,对法定代表人或者主要负责人、直接负责的主管人员和其他直接责任人员处1万元以上3万元以下的罚款:

(一)以实物、有价证券等形式代替货币支付农民工工资;

(二)未编制工资支付台账并依法保存,或者未向农民工提供工资清单;

(三)扣押或者变相扣押用于支付农民工工资的银行账户所绑定的农民工本人社会保障卡或者银行卡。

第五十五条 有下列情形之一的,由人力资源社会保障行政部门、相关行业工程建设主管部门按照职责责令限期改正;逾期不改正的,责令项目停工,并处5万元以上10万元以下的罚款;情节严重的,给予施工单位限制承接新工程、降低资质等级、吊销资质证书等处罚:

(一)施工总承包单位未按规定开设或者使用农民工工资专用账户;

(二)施工总承包单位未按规定存储工资保证金或者未提供金融机构保函;

(三)施工总承包单位、分包单位未实行劳动用工实名制管理。

第五十六条　有下列情形之一的，由人力资源社会保障行政部门、相关行业工程建设主管部门按照职责责令限期改正；逾期不改正的，处5万元以上10万元以下的罚款：

（一）分包单位未按月考核农民工工作量、编制工资支付表并经农民工本人签字确认；

（二）施工总承包单位未对分包单位劳动用工实施监督管理；

（三）分包单位未配合施工总承包单位对其劳动用工进行监督管理；

（四）施工总承包单位未实行施工现场维权信息公示制度。

第五十七条　有下列情形之一的，由人力资源社会保障行政部门、相关行业工程建设主管部门按照职责责令限期改正；逾期不改正的，责令项目停工，并处5万元以上10万元以下的罚款：

（一）建设单位未依法提供工程款支付担保；

（二）建设单位未按约定及时足额向农民工工资专用账户拨付工程款中的人工费用；

（三）建设单位或者施工总承包单位拒不提供或者无法提供工程施工合同、农民工工资专用账户有关资料。

第五十八条　不依法配合人力资源社会保障行政部门查询相关单位金融账户的，由金融监管部门责令改正；拒不改正的，处2万元以上5万元以下的罚款。

第五十九条　政府投资项目政府投资资金不到位拖欠农民工工资的，由人力资源社会保障行政部门报本级人民政府批准，责令限期足额拨付所拖欠的资金；逾期不拨付的，由上一级人民政府人力资源社会保障行政部门约谈直接责任部门和相关监管部门负责人，必要时进行通报，约谈地方人民政府负责人。情节严重的，对地方人民政府及其有关部门负责人、直接负责的主管人员和其他直接责任人员依法依规给予处分。

第六十条　政府投资项目建设单位未经批准立项建设、擅自扩大建设规模、擅自增加投资概算、未及时拨付工程款等导致拖欠农民工工资的，除依法承担责任外，由人力资源社会保障行政部门、其他有关部门按照职责约谈建设单位负责人，并作为其业绩考核、薪酬分配、评优评先、职务晋升等的重要依据。

第六十一条 对于建设资金不到位、违法违规开工建设的社会投资工程建设项目拖欠农民工工资的，由人力资源社会保障行政部门、其他有关部门按照职责依法对建设单位进行处罚；对建设单位负责人依法依规给予处分。相关部门工作人员未依法履行职责的，由有关机关依法依规给予处分。

第六十二条 县级以上地方人民政府人力资源社会保障、发展改革、财政、公安等部门和相关行业工程建设主管部门工作人员，在履行农民工工资支付监督管理职责过程中滥用职权、玩忽职守、徇私舞弊的，依法依规给予处分；构成犯罪的，依法追究刑事责任。

第七章 附 则

第六十三条 用人单位一时难以支付拖欠的农民工工资或者拖欠农民工工资逃匿的，县级以上地方人民政府可以动用应急周转金，先行垫付用人单位拖欠的农民工部分工资或者基本生活费。对已经垫付的应急周转金，应当依法向拖欠农民工工资的用人单位进行追偿。

第六十四条 本条例自2020年5月1日起施行。